JN419552

_____ 님께

우리를 둘러싼 '아주 사소한 갈등'을 통해
더 건강한 관계를 만드시길 바랍니다.

저자 민현기

아주 사소한 갈등

민현기 지음

 북인사이트

CONTENTS

갈등을 넘어서는
균형의 기술

갈등이 없는 인간관계는 없다. 갈등이 없는 관계가 있다면 그 관계는 등을 지고 살거나 등을 대고 살거나 둘 중 하나일 것이다.

등지고 사는 관계는 갈등 요소가 있어도 해소하거나 다름의 차이를 이해하려는 시도조차 하지 않고 서로를 방치한다. 등 대고 사는 관계는 무조건적인 믿음과 신뢰 속에서 서로가 서로를 의지하며 평화롭게 유지되긴 하지만, 결국 변화와 성장을 멈추게 된다. 이와 같은 양극단의 상태로는 진정한 의미의 발전이 보장되지 않는다.

갈등은 조각가가 돌을 깎을 때 쓰는 망치와 정 같다. 상처를 남기지만, 그 상처를 통해 아름다운 조각이 탄생하듯, 갈등 또한 서로에 대한 이해와 연결의 갈증을 해소하는 계기가 될 수 있다. 또한 갈등은 바닷물이 모난 돌을 파도의 힘으로 부딪쳐 마침내 둥글둥글한 몽돌로 만드는 것과도 같다. 갈등은 등을 돌리라는 신호가 아니라 지금까지 사용했던 방식이 아닌 새로운 방식으로 바꾸라는 신호다. 갈등은 배움과 익힘의 새로운 출발점이라는 점에서 사람과 사람의 관계가 한 단계 상승할 수 있는 절호의 찬스다.

『아주 사소한 갈등』은 갈등을 부정적 에너지가 아닌, 관계의 터전을 새롭게 구축할 수 있는 창의적 에너지로 재해석하여 갈등을 통해 서로 갈구하는 꿈을 보다 잘 실현할 수 있도록 새로운 전환점을 마련해 주는 책이다. 이 책은 복잡한 분석과 이론적 관점으로 갈등을 해결하는 것이 아닌, 누구나 공감할 수 있는 삶의 상황을 예시로 들며 그에 맞는 해결책을 스스로 모색하고 찾아보게 만들어준다.

모든 질서가 혼돈에서 나왔듯이 모든 화해와 원만한 관계도 갈등이 낳은 자식이다. 적당한 긴장감과 불안이 창의적인 에너지로 작용하듯, 갈등과 마찰도 색다른 통찰력을 낳는 원동력으로 작용할 수 있다. 갈등이 시종일관 지속되면 그 조직은 곧 망할 조직이고, 갈등이 하나도 없는 조직은 태평성대를 구가하다 안락사로 갈지도 모른다. 갈등이 존재하는 조직이 오히려 건강한 조직이다. 다만, 그 갈등을 어떤 관점으로 바라보고 해석할 것인지가 문제다. 갈등을 완벽한 '해결'보다 만족스러운 '해소'로 이어지게 하는 것이 관건이다.

이런 점에서 이 책은 정답보다 해답, 그리고 하나의 '진리(眞理)'보다 더 깊은 질문을 품게 만든다. 갈등 문제를 통해 너와 나, 그리고 우리와 공동체의 존재 이유와 목적을 원점에서 다시 생각해 보게 만드는 '일리(一理)' 있는 이야기를 제공하는 근래 보기 드문 실용서가 아닐 수 없다.

지식생태학자 유 영 만
한양대학교 교수

PROLOGUE

특별한 노하우를 만나다

많은 사람들이 갈등 관리 책을 쓰고 강의를 하는 나를 보며 갈등을 잘 관리하는 방법을 제대로 알고 있을 거라고 여긴다. 하지만 사실 그 반대다. 나는 갈등의 당사자로서 상당히 많은 갈등을 경험한 소위 '갈등 메이커'였다. 그럼에도 다시 갈등 관리 책을 쓴 이유가 있다. 나에게는 남다른 '노하우(Know how)'가 있기 때문이다.

노하우는 사전적으로, '특정 기술이나 방법을 알고 있는 능력'이라는 의미를 가지고 있다. 그렇다고 '알고만' 있는 것이 노하우는 아니다. 본래 노하우는 '이론적 지식(knowledge)'과 구분되는 '실천적·경험적 지식 (practical knowledge)'에 기반한다. 아무리 책을 읽고 강의를 들어도 다양한 갈등을 직접 경험한 사람의 노하우를 뛰어넘을 수는 없는 노릇이다.

나의 갈등 노하우는 갈등 관리 실패 경험담에서 출발했다. 갈등의 중심에서 부딪치고 몸소 깨달아 '실천, 경험' 기반의 생생한 학습을 했다는 뜻이다. 조금 아이러니하지만 나는 나의 갈등 관리 실패 경험담이 갈등이라는 키워드를 다룰 수 있는 토대가 되었다고 믿는다. 좌절의 경험이 갈등의 장벽을 극복할 수 있도록 디딤돌이 되어준 것이다.

처음 책을 기획할 때는 읽기 쉬운 자기계발서, 혹은 워크북처럼 실용적인 구조를 가진 책을 써보기로 하고 자료를 찾기 시작했다. 하지만 강의 현장에서 만난 사람들의 이야기는 조금 달랐다.

"알고는 있는데요… 행동, 실천이 너무 어렵잖아요."
그 말이 귓가에 남았다. 그때 생각했다.

'독자 스스로 해답을 찾을 수 있도록 해야지.'

그렇게 책의 궤도를 수정했다. 정교한 이론이나 논리가 아니라, 마치 곁에 앉아 조용히 이야기를 들려주는 사람처럼. 가볍게 펼치고, 편하게 읽고, 어느 문장에서든 스스로를 발견할 수 있도록. 평소에 모아두었던 갈등의 소소한 에피소드들을 하나하나 꺼내어 스토리로 엮었다.

내가 만났던 사람들, 그 접점에서 겪었던 사건과 사고, 영화나 드라마와 같은 매체를 통해 얻은 소소한 깨달음.

'이 책은 갈등이 남긴 상처와
화해의 흔적을 담은 기록이다.'

아주 사소한 갈등, 그 안에서 공존하기

우리는 여전히 갈등의 시대를 살고 있다. 하지만 동

시에, 공존의 시대를 열어가야 하는 책임이 있다.

공존은 기술이 아닌 태도이며, 이해는 도구가 아닌 용기에서 출발한다.

그래서 이 책은 단지 이론이 아닌, 함께 살아가야 하는 '우리들'의 이야기로 채워져 있다.

책 제목 '아주 사소한 갈등'은 우리가 마주하는 많은 갈등이, '아주 사소하게' 시작되어 번지기도 하고 반대로 조금만 애쓰면 '아주 사소한' 갈등으로 줄어들 수 있다는 뜻을 담고 있다. 다섯 개의 챕터로 구성했으며, 다섯 개의 흐름이 만나 이 책의 큰 줄기를 이룬다.

갈등을 바라보는 '시선'을 재정의하고
갈등을 올바르게 '인식'한 뒤
객관적으로 갈등 상황을 '조망'하고
맥락과 '욕구'를 파악하여
올바른 갈등 관리 '소통' 습관을 들여야 한다.

무엇보다 원고를 쓰며 놓치지 않으려 애썼던 건, '공감되고 쉽게'라는 기조였다. 그래서 내가 겪은 직간접적인 갈등 사례를 기반으로 실천할 수 있는 방법론을 제시했고, 독자가 원고의 메시지를 곱씹을 수 있도록 원고 말미에 성찰 질문을 넣었다. 첫 장부터 순서대로 읽어나가면 자신의 삶에 투영되어 책장을 넘기는 일이 어렵지 않을 거라고 확신한다.

출간을 앞두고 그간의 과정을 돌아보니 떠오르는 분들이 있다.

리더로서의 명분을 갖추도록 해준 학습 공동체 로젠탈 플랜과 로젠탈 플랜을 함께 이끌어가는 운영진, 나를 '수장', '수버지'라고 부르며 믿고 따라준 수작 멤버들, 색다른 렌즈로 세상을 보는 방법을 알려준 글쓰기 선생님, 원고 한 글자 한 글자 정성 어린 조언을 나눠준 학습 동료 주충일 님. 또한 '책 쓰기는 애쓰기'라는 통찰과 와인의 맛을 선물해 주신 유영만 교수님, 책을 쓰는 동안 혼자만의 시간과 공간을 내어주고 지지와 응원을 보내준 가족, 출간 소식을 전하자 본인의 일처럼 기뻐

하며 "예약 구매!"를 외쳐준 동료들, 마지막으로 독자의 눈으로 좋은 책을 빚어주신 북인사이트와 열린길 식구들에게 깊이 감사드린다.

　오늘도 공동체 안에 귀속되어 살아가는 우리.
　이 책에서 전하고자 하는 나의 이야기가 여러분에게 흘러가 닿았으면 좋겠다.
　꼭 '배우기 위해서'가 아니어도 좋다.

　'그래, 나만 그런 게 아니었구나.'라고만 느껴도 충분하다.

　한 문장이라도 위로가 되었으면, 한 장면이라도 마음이 움직였다면, 그것이면 되었다.
　당신이 겪고 있는 갈등의 순간, 나의 '사소한' 이야기 한 조각이 작은 실마리가 되어줄 수 있기를 바란다.

"갈등으로 금이 간 흔적이,

나의 기록이 되다."

민현기

01
챕터

—

시선

갈등을
바라보는 창(窓)

갈등은 날마다 부는 바람,
예고 없이 내리는 비와 같다.
그 속성을 이해하는 것,
그것이 갈등 관리의 시작이다.

01

편견 없이
갈등 바라보기

갈등의 시작은 사소한 '감정'

고대 그리스 신화 속 가장 유명한 전쟁, 트로이.

그 속에는 아주 사소한 감정들이 불씨가 되어 일어난

갈등이 있다.

영화 〈트로이〉 속 아킬레스(브래드 피트)는 전리품 여인

브리세이스를 둘러싼 개인적 감정 속에서 방황한다.

원작인 호메로스의 『일리아스』를 읽어보면, 그 감정

의 출발점을 훨씬 더 구체적으로 알 수 있다.

그리스 최고의 전사 아킬레스는 어느 날 전장에 나가지

않겠다고 선언한다.

이유는 자존심이었다.

자신의 전리품 여인인 브리세이스를 장군 아가멤논에게 빼앗기자, 모욕감을 느꼈고 그 분노가 곧 전투 거부로 이어졌다. 그가 전장을 떠나자 군은 약해졌고, 수많은 동료가 쓰러졌다.

처음『일리아스』를 읽었을 때 아킬레스를 보며 고개를 갸우뚱했다.

'그 정도 일로 전투를 포기한다고?'

하지만 시간이 흐를수록 알게 되었다.
갈등은 거창한 사건에서 시작되는 것이 아니라, 오히려 아주 사소한 감정에서 비롯된다는 사실을.

대여섯 살 무렵의 일이다. 할머니, 고모, 부모님이 함께 살던 여름날이었다. 고모가 점심으로 쫄면을 만들어 가족들에게 나눠주다 내게도 몇 젓가락을 건넸다. 그런데 질긴 면발을 제대로 씹지 못하고 체해버렸다. 어머니는 "애한테 이런 걸 왜 줘서는…" 하며 혼잣말처럼 아쉬움을 내비쳤고, 고모는 "내가 이럴 줄 알았냐."라며 서운한 기색으로 자리를 떴다. 한여름의 즐거웠던 점심 자리가 매서운 바람이 부는 겨울처럼 냉랭해졌다. 할머니는 밥상에서 물러나 앉으셨고, 아버지는 문을 열고 나가셨다.

어느새 쫄면에 체한 어린아이는 사라지고 두 어른의 말 한마디만 남았다. 그 뒤로도 두 분은 한동안 서먹하게 지냈던 걸로 기억한다. 40여 년이 지난 지금도 그날의 공기가 아직도 선명하다. 어린 나는 속으로 이렇게 생각했던 것 같다.

'이게 그렇게 큰일인가?'

말 한마디에 남겨진 서운함, 상대방의 태도에 대한 해석 차이. 그 작은 균열이 거대한 파열을 만들어낸다. 나는 수많은 조직에서 갈등을 마주해 왔다. 회의 중 미묘하게 식어가는 공기, 서로 눈을 피하는 동료들, 무언가 엇갈려 있지만 아무도 말을 꺼내지 않는 상황. 표면은 평온하지만, 이미 그 안엔 실금이 가있다.

대부분의 갈등은 '아주 사소한' 것에서 시작된다.

"그 말투가 너무 신경 쓰였어요."
"내 의견은 무시당한 것 같았어요."
"내 입장을 이해해 주지 않더라고요."

결국 갈등은 인간이 살아가는 곳이라면 언제, 어디서든 누구에게나 나타날 수 있는 일상적 현상이다. 오히려 갈등이 없다는 건, 관계가 죽었다는 뜻일지도 모른다.

'갈등은 제거의 대상이 아니라, 관리의 대상이다.'

피한다고 없어지는 것이 아니라, 조율하고 풀어가야 할 삶의 일부다. 사전적으로 갈등은, "서로 다른 입장이나 생각이 부딪쳐 풀리지 않은 상태"를 뜻한다.
한자어로는 칡과 등나무를 뜻하는 '갈(葛)'과 '등(藤)'

이다. 두 개의 덩굴이 얽히고설켜 있는 모습에서 유래되었다. 갈등은 뿌리부터 충돌하는 전쟁이 아니라, 칡과 등나무처럼 엉켜있는 감정과 입장의 실타래인 경우가 대부분이다. 덩굴은 아무리 엉켜도, 풀고자 하면 하나씩 풀 수 있다. 갈등 역시, 그 얽힘을 풀고자 한다면, 관계는 다시 유연해질 수 있다. 복잡함이 불가능함을 의미하는 것은 아니다.

갈등은 관계의 파국이 아니라, 대화의 시작

대부분의 조직은 일상적으로 갈등을 경험한다. 그리고 그 과정을 거치며 오히려 더 깊은 이해, 새로운 합의, 때로는 관계의 재정비라는 긍정적인 결과를 만들어내기도 한다.

물론 모든 갈등이 윈-윈으로 끝나는 것은 아니다. 누군가는 상처를 입고, 어떤 경우엔 끝내 풀리지 않을 수도 있다. 하지만 갈등이 있었기에 우리가 놓치고 있던 과제, 불편하지만 중요한 진실을 보게 되는 순간도 많다.

돌아보면, 썩 나쁘지 않은 경험이었다고 말하게 되는 경우도 있다. 결국 갈등은 '해결'만을 위한 것이 아니라, '이해'로 가는 길목이기도 하다. 우리가 갈등을 막연한 불편함이 아니라 관리 가능한 현상으로 마주한다면 회피 대신 이해가, 단절 대신 전환이 시작된다.

이 챕터에서는
'왜 갈등은 쉽게 생기고 번지는가?'
'왜 갈등을 필연적인 것이라고 하는가?'
*'그럼 갈등을 어떻게 바라보고 이해해야 할까?'*에 대한 이해를 돕고자 갈등의 특성과 근본적인 성질에 대해서 풀어보려 한다.

갈등은 바다에 부는 바람 같다. 살다 보면 인간관계에서 불어오는 바람을 피할 수 없다는 것을 깨닫게 된다. 어떤 바람은 순풍처럼 나를 앞으로 밀어주지만, 어떤 바람은 거세게 몰아쳐 항로를 흔들기도 한다.

그 바람 자체를 원망하며

"왜 나에게 이런 바람이 불지?"라는 질문만 반복하면 답을 찾을 수 없다.

중요한 건 바람을 없애는 것이 아니라, 돛을 어떻게 조절하느냐다. 갈등도 마찬가지다. 피하려고만 하면 오히려 휘청이지만, 돛을 다루듯 갈등을 맞이하고 조율할 때 비로소 앞으로 나아갈 힘으로 바꿀 수 있다. 갈등을 두려운 풍랑이 아니라, 항해에 반드시 필요한 순풍이라고 여겨야 하는 이유다.

어떤 형태든 조직에 속해 인간관계를 맺고 살아가야 하는 인간이라면 반드시 겪는 갈등.

제거가 어렵다면 어떻게 관리할 수 있을지 생각해 보는 시간이 되길 바란다.

Reflective Questions
1. 지금 내 주변의 갈등은 정말로 풀 수 없는 것일까?
2. 갈등을 '불쾌한 사건'으로만 여겨온 건 아닐까?
3. 나는 일상의 갈등을 관리 가능한 것으로
   바라보고 있는가?

02

필연적인 갈등,
뇌의 생존 반응

뇌가 먼저 반응하는 갈등

아주 오래전 일이다. 함께 근무하던 교수님, 조교와 함께 교육 프로그램을 무사히 마치고 식사를 하러 갔다. 일종의 뒤풀이 자리여서 분위기가 좋았다. 그런데 문제는 식당에서 시작됐다. 서빙하던 직원의 불친절한 태도가 계속 신경 쓰였다.

"메뉴판 좀 주세요"

툭.

"물 좀 주실래요?"

탁.

그 직원은 메뉴판을 던져놓듯 테이블에 내려놓더니 다시 돌아와 말 한마디 없이 무표정한 얼굴로 물병을 놓고 갔다. 처음엔 넘겼다. 기분 좋은 자리라, 신경 쓰지 않으려 했다. 하지만 모임을 주최한 입장에서, 작은 불쾌감이 계속 마음에 남았다. 그렇게 주문하고, 반주를 곁들여 식사를 이어가던 중 추가 주문을 하는 과정에서 일이 생겼다.

"안 들리니까 좀 크게 말씀하세요."

그 순간, 나도 모르게 이렇게 반응했다.

"아주머니, 조금 친절하게 응대해 주세요."

툭 튀어나간 내 말에 일행들이 놀랐다. 그들은 몰랐던 것이다. 내 안에 쌓여있던 감정이 한계에 다다랐다는 것을.(그 뒤에 이어진 논쟁에 대해서는 3챕터에서 다시 다루겠다.)

그 일이 내게 남긴 건 단순한 기억이 아니었다. 나는 그날 '갈등'이 어떻게 시작되는지 처음 알게 됐다.

갈등은 거창한 사건으로 시작되지 않는다. 말투 하나, 표정 하나, 분위기 하나.

그리고 그것들을 '불쾌함'으로 해석하는 뇌의 자동 반응. 그 조용한 시작이, 어느 순간 폭발의 임계점에 도달하는 것이다.

갈등은 생존을 위한 뇌의 해석 방식

우리는 갈등이 외부에서 발생한다고 믿지만, 실제로는 내부에서 먼저 반응한다. 인간의 뇌는 생존을 위해 진화해 왔다. 예측할 수 없는 상황, 무뚝뚝한 말투, 굳은 표정은 뇌에 '위험'으로 인식된다. 그 순간, 우리는 생각보다 먼저 감정을 느낀다. 이건 인간 뇌의 설계고 생존에 필요한 구조다. 노벨 경제학상을 수상한 심리학자이자 경제학자인 대니얼 카너먼(Daniel Kahneman)은 사고방식을 두 가지 시스템으로 설명했다.

시스템 1	시스템 2
빠르고 자동적이며 감정 중심	느리고 논리적이며 분석 중심

갈등 상황에서 작동하는 건 대부분 시스템 1이다. 상대의 말보다 그 말이 나에게 어떤 의미로 들렸는가에 더 빨리 반응한다. 미국의 신경과학자 폴 도널드 맥린(Paul Donald MacLean)은 인간의 뇌를 세 가지의 층으로 설명한다.

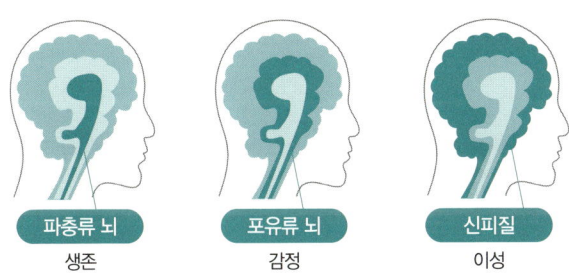

파충류 뇌	포유류 뇌	신피질
생존	감정	이성

갈등이 발생하면, 뇌는 판단을 신피질에 넘기지 않는다. 생존을 담당하는 파충류 뇌와 감정을 담당하는 포유류 뇌가 먼저 반응한다. 그리고 이 반응은 우리를 공

격이나 회피, 방어의 행동으로 이끈다. 갈등이 빠르게 번지는 이유는 여기에 있다. 실제 사건보다 감정, 그리고 뇌의 본능이 먼저 작동하기 때문이다.

뇌의 시스템 2 작동

하지만 인간은 단지 본능만으로 살아가는 존재가 아니다. 우리에겐 '생각'할 수 있는 신피질이 있다. 자신의 감정을 자각하고, 질문을 던지고, 선택을 조절할 수 있다. 갈등은 감정의 자동 반응으로 시작되지만, 이성의 개입으로 조절된다. 즉각적인 반응을 멈추는 것. 그 한순간의 선택이 갈등을 격화가 아닌 조율로 이끌 수 있다. 중요한 건 상대의 말이 아니다. 내가 그 말을 어떻게 받아들이느냐, 즉 어떤 뇌가 반응하고 있느냐다. 외부 부정적인 자극이 나를 괴롭힐 때 이 질문을 먼저 던져야 한다.

"지금 내 반응은, 실제 상황 때문인가?
 아니면 뇌가 해석한 시나리오에 따른 것인가?"

이 한 문장이, 갈등의 흐름을 바꾼다.

나는 종종 이렇게 말한다.

"우리 안에는 공자와 맹자, 그리고 맹수가 함께 산다."

철학도 있고 본능도 있다는 뜻이다.

갈등은 인간의 철학과 동물의 본능이 동시에 반응하는 복잡한 사건이다. 하지만 마지막 선택은 늘 우리에게 있다. 당신은 어떤 시스템을 가동하고 있나?

Reflective Questions

1. 내가 최근에 겪은 갈등은 실제 상황 때문인가?
   뇌의 해석에서 비롯된 것인가?
2. 갈등 상황에서 나는 어느 쪽이 더 빠르게 반응하는가?
   – 이성인가, 감정인가?
3. 나는 지금 어떤 뇌로 판단하고 있는가?

03

갈등은
변화무쌍한 날씨

조직 갈등을 만드는 '구조'

공기업 강의에서 있었던 한 장면이 기억에 오래도록 있다. 교육 시작 전, 한 본부장이 강의장을 잠깐 들러 직원들 앞에서 격려의 말을 전하고는 곧장 자리를 떴다.

담당자 말로는 그 본부장은 사내에서 인정받는 인재라고 했다. 승진도 빠르고, 성과도 좋고, 말 그대로 '회사형 인물'이었다. 그런데 교육을 받던 팀장들의 반응은 미묘했다. 겉으로는 존중했지만, 표정과 말투 사이에는 거리감이 있었다. 누군가 이렇게 말했다.

"일을 너무 열심히 하시는 분이죠…"

이 한마디에 조직의 분위기가 함축되어 있었다. 본부장은 '혁신'을 말했고, 팀장들은 '현실'을 감당하고 있었다. 본부장은 회사 전체의 방향을 보고 있었다. 더 나은 성과, 더 민첩한 실행, 더 창의적인 조직 문화. 그래서 팀장들에게 늘 새로운 시도를 요구했고, 그럴 때마다 팀장들은 어떻게든 해냈다.

문제는 그다음이었다.
본부장은 늘 이렇게 말했다.

"해낼 거면서, 왜 그렇게 어렵다는 식으로 말하냐고요.
칭찬은 하고 싶은데, 아쉬움이 남습니다."

며칠 뒤, 나는 그 본부장과 티타임을 가졌다.
그는 한숨을 쉬며 말했다.
"팀장들이 너무 쉽게 하려 해요.
본인들 역량에 비해 작은 책임만 지려고 하거든요."

팀장과 본부장이 갈등을 겪는 것처럼 보이지만 이건 누가 더 잘했느냐, 누가 더 나쁜 사람이냐의 문제가 아니다. 이건 그냥 '조직'이라는 시스템에서 발생하는, 본부장과 팀장의 이해관계에서 나타나는 너무도 자연스러운 충돌이다. 조직은 원래 갈등을 품고 있다. 특정 조직의 문제라기보다 어느 조직이든 겪는 일상에 가깝다.

'조직(organization)'이란 단어는 라틴어 'organon', 즉 도구에서 유래했다. 단순히 사람들이 모여있는 집합체가 아니라, 특정 목적을 달성하기 위해 역할이 분화된 도구들의 조합이라는 뜻이다. 조직에는 늘 구조가 존재한다.

조직 안에서 발생하는 갈등은 대부분 이 구조에서 비롯된다. 개인의 성격이나 태도보다 훨씬 더 근본적인

원인, 즉 시스템이 만드는 긴장감이 있다. 현대의 조직은 더 복잡하다. 이해관계는 많아졌고, 책임은 명확하지 않으며 규칙은 늘고 있지만 해석은 갈린다.

부서 간 성과 목표가 충돌하고,

상사는 '이해'보다 '성과'를 강조하고,

동료 간에도 '좋은 사람'과 '일 잘하는 사람'이 다르게 평가된다.

이 모든 긴장은 구조에서 비롯된다. 그래서 갈등은 조직에서 사라지지 않는다.

갈등은 조직의 '기후'

갈등은 마치 날씨처럼 순환한다. 언제는 맑고, 어떤 날은 흐리며, 가끔은 폭풍처럼 몰아친다. 나는 이걸 '관계 기후(relationship climate)'라고 부른다. 조직이 건강하다는 건 갈등이 없다는 뜻이 아니다. 갈등을 감지하고, 준비하고, 대응한다는 의미다. 갈등을 '문제'가 아니라 '기후'로 보면 질문이 달라진다.

*"왜 이렇게 덥지?"*에서

*"더운 걸 보니 여름인가 보다."*로 질문을 바꿔보면
무더위에 대처하는 방법을 찾게 되고 그 더위가 주는
불쾌함도 조금 줄어든다.

그래도 이렇게 말하는 사람이 있을 것이다.

"요즘 날씨 보세요.
갑자기 더웠다가 폭우가 쏟아지고,
예측이 어렵잖아요."

맞는 말이다. 갈등 역시, 예측하기 어려운 날씨와 같다.
예측 불가한 기후가 우리 일상에 자리 잡았다는 걸 인
정해야 하는 것처럼, 갈등의 '변화무쌍함'을 인정하는
것, 이것이 바로 우리가 갈등을 다룰 수 있는 방식이다.
갈등을 여름에 비유했지만, 사실 조직은 사계절의 변
화를 모두 품고 있다.

봄,
여름,

가을,

겨울.

봄처럼 기대와 희망이 넘칠 때도, 여름처럼 뜨겁게 충돌할 때도, 가을처럼 정리와 회고의 시간이 있을 때도, 겨울처럼 얼어붙을 때도 있다. 계절은 변한다. 중요한 건 계절이 변한다는 걸 받아들이는 것이다.

"왜 갑자기 이렇게 추워졌지?"라는 반응에서

"겨울이 다가오는지 많이 쌀쌀해졌네."로

그러면 유연하게 대응할 수 있다.

'아, 내일은

두꺼운 옷을 챙겨야겠네.'

Reflective Questions

1. 나는 조직에서 발생하는 갈등을 개인의 문제로만 바라보고 있지 않은가?
2. 지금 겪고 있는 갈등은 어떤 '시스템의 긴장'에서 비롯된 것인가?
3. 갈등을 날씨처럼 받아들인다면, 지금의 반응은 어떻게 달라질 수 있을까?

04

조직은 쉽게
부서지는 두부

튼튼한 허술함

영화 〈장손〉은 세대 간의 가치관 충돌과 가족 내 갈등을 다룬 작품이다. 한 인터뷰 장면에서 가족 구성원 중 한 명이 이렇게 말한다.

"우리 가족은 두부 같아요.
보기엔 단단하고 가지런한 것 같지만,
자극이 조금만 있어도 금세 부서지죠."

이 말은 단순한 비유를 넘어, 오늘날의 조직을 묘사하는 데 절묘하게 들어맞는다. 두부는 보기엔 정갈하고 정형화된 형태를 지녔지만, 내부는 고운 입자들이 약하게 뭉쳐있는 구조다. 충격을 받으면 견고하게 보이던 형태가 쉽게 무너진다. 이는 입자의 문제라기보다, 어떤 구조로 뭉쳐있느냐의 문제다.

조직도 마찬가지다. 매뉴얼과 규정, 체계와 위계 속에 단단해 보이지만 실제로는 구성원 개개인의 감정, 기대, 이해관계가 미세한 긴장감으로 얽혀있다. 겉으로 보기엔 결속되어 있는 것처럼 보여도, 실상은 섬세하게 다뤄야만 유지되는 '두부'와 같다.

부드러운 튼튼함

한 중견기업 임원 교육에서 있었던 일이다. HRD 담당자는 실장 한 분이 까다로울 수 있다며 조심스럽게 귀띔했다. 실제로 강의 내내 그는 반응이 없었고, 질문에도 시선을 피했다. 그런데 점심시간의 그는 전혀 다른 사람이었다. 교육 내용에 대한 의견을 조리 있게 말했고, 동료들과도 부드럽게 대화했다.

그에게 조심스레 물었다.

"혹시 교육이 불편하신가요?"

그는 이렇게 답했다.

"요즘은 뭘 말해도 문제가 됩니다.
팀원들이 꼰대라고 해요.
뭘 잘해보자고 해도 부담스러워하고요."

그제야 그의 행동이 이해됐다. 그는 까다로운 사람이
아니라, 고립된 상황에 놓인 사람이었다.

갈등의 본질은 결국 '사람의 문제'가 아니라 '구조와
맥락의 문제'다. 개인을 탓하기 전에 그를 둘러싼 환경을
먼저 들여다봐야 한다.

두부는 부서지지 않도록 플라스틱 용기에 물을 함께
담아 포장한다. 충격을 흡수하고 형태를 유지하기 위해
서다. 조직도 마찬가지다. 연대가 쉽게 무너지는 것을

방지하기 위해 각종 제도와 장치를 만든다. 보완된 규정과 규율, 조직 문화, 그라운드 룰, 상벌 제도 등은 '두부 조직'을 보호하는 용기다.

눈살을 찌푸리게 하는 정치 갈등의 속내에도 구조적인 문제가 숨어있다.

정부의 각 부처에는 갈등이 생길 수밖에 없는 태생적인 원인이 있다. 환경을 지켜야 하는 환경부와 개발해야 하는 국토부, 노동자의 권리를 지켜야 하는 노동부와 기업의 성장을 도모해야 하는 중기부 등 이해관계상의 갈등을 경험하게 된다.

이를 해결하기 위해, 그들에게 새로운 역할을 부여한다. 각 부처의 장관에 머무르지 않고 나라를 함께 운영하는 국무위원이라는 다른 옷을 입혀주는 것이다. 그러면 내 부처, 내 성과가 아니라 우리의 국정, 우리의 공존을 위해 협력하게 된다.

사람을 탓하기보다, 그 사람을 둘러싼 맥락을 보는 태도. 그게 바로 조직 안에서 연대를 지키는 첫걸음이다.

Reflective Questions

1. 나는 지금 조직의 연대를 얼마나 단단하다고
   믿고 있는가?
2. 나는 누군가의 행동을 보고 상황적 맥락이 아닌,
   인성 탓을 하고 있지는 않은가?
3. 우리 조직의 규정과 제도는 두부 조직을
   보호할 수 있을 만큼 정교한가?

05

인간관계가
자꾸 꼬이는 이유

우리가 모르는 3차원 세계

넷플릭스 드라마 〈돌풍〉에 이런 대사가 나온다.

"인간관계는 산수가 아니라 수학이야.
변수도 있고, 상대가 모르는 미지수도 있어."

처음 들었을 땐 문학적 표현처럼 느껴졌지만, 곱씹을
수록 인간관계를 설명하는 데 이보다 더 정확한 말이 있
을까 싶다. 내가 누군가와 다투거나 누군가에게 서운할
때, 나는 종종 '왜 저 사람은 저렇게 행동했을까?'라고
생각한다. 그 질문 안에는 내가 옳고, 상대는 뭔가 잘못

되었다는 전제가 깔려있다. 그러나 시간이 지나고 그 사람의 상황이나 감정, 혹은 조직 내 압력 등을 이해하게 되면, 전혀 다른 생각이 들기도 한다.

'그땐 내가 너무 단순하게 봤구나.'

우리는 흔히 인간관계를 2차원적으로 바라본다. 나와 너, 그 둘 사이의 말과 표정, 오해와 기대. 하지만 갈등은 대부분 보이지 않는 벽 너머에 있는 제3의 축, '그'로부터 시작된다. 이때의 '그'는 사람일 수도 있고, 조직 구조일 수도 있고, 과거의 경험일 수도 있다.

예를 들어, 한 팀장이 팀원에게 다짜고짜 업무 지시를 했다고 하자, 표면적으로는

'그 팀장이 예의가 없다.'라고 판단하기 쉽지만,

그 팀장에게 상사의 압박, 팀원과의 반복된 소통 실패, 혹은 개인적 스트레스가 작용하고 있을 수도 있다.

팀원에게 한 언행은 단지 '그 사람'의 문제가 아니라 '그와 그를 둘러싼 환경'과의 상호작용일 가능성이 높다.

우리는 종종 인간관계를 '나'와 '너' 사이의 문제로만 바라본다.

'내가 이렇게 말했는데,

왜 저 사람은 저렇게 반응하지?'

'나는 잘하려고 했는데, 왜 오해하지?'

이런 질문은 2차원적 시야에서 나온다.

갈등을 '나' 중심의 점이나, '나↔너'의 선 안에서만 바라보면 제대로 해석할 수 없다. 갈등은 '우리 둘'의 문제처럼 보이지만, 사실은 조직의 규칙, 과거의 경험, 제삼자의 말, 사회적 맥락처럼 우리 외부에 있는 매개변수나 조절변수와 상호작용한다.

즉, 우리가 보지 못한 '그'의 영향을 받는다.

갈등, 커튼 뒤에 숨은 소음

갈등을 단순히 개인의 기질이나 의도 문제로 환원하면 감정적 대립밖에 남지 않는다. 그러나 갈등을 구조적, 그리고 복잡계로 인식하면 공감, 조율, 시스템 개선이라는 현실적 대안이 보일 것이다. 나와 너의 행동과 감정은 우리 둘만의 것이 아니다. 우리는 더 큰 맥락 속 구조에서 움직이고 반응한다. 갈등 역시 그 구조 안에서 이해해야 한다.

성숙한 갈등 해석은 복잡성을 받아들이는 것에서 시작하고, 성숙한 인간관계는 단순화된 인과관계에서 벗어나는 데서 출발한다.

'그 사람이 잘못했어' 대신
'지금 이 행동의 배후에는 어떤 환경적 요인이 있을까?'
'이 사람의 배경이나 경험이 어떤 영향을 미쳤을까?'
'내 판단이 단순한 감정 반응에 치우친 건 아닐까?'라고 질문하는 것이다.

이 질문들은 우리를 2차원적 사고에서 3차원 구조적

사고로 이끌어줄 것이다.

갈등은 마치 커튼 뒤에서 들려오는 소음 같다. 보통은 그 소리를 듣고 앞 사람을 쳐다보며 인상을 찌푸리지만 소리의 진원지는 지금 나와 네가 머문 이곳이 아니라 커튼 너머 3차원 공간, 우리가 보지 못하는 곳에 있다. 성숙한 갈등 해석은 보이지 않는 커튼을 젖히고, 그 너머를 들여다보려는 태도에서 시작된다.

상대를 이해한다는 것은
그 사람을 좋아하라는 뜻이 아니다.
'그럴 수밖에 없는 배경이 있었겠지'라는 이해,
바로 존중이다.

이 존중이 있을 때, 우리는 감정의 소모 없이 구조를 해석하고, 해결을 위한 길을 열 수 있다.

Reflective Questions

1. 지금 내가 겪는 갈등은, 정말 '그 사람'과의 문제일까?
   보이지 않는 벽 너머의 '그것' 때문은 아닐까?

2. 상대의 말이나 행동 뒤에 있는 맥락과 배경을
   나는 충분히 고려하고 있는가?

3. 나는 지금 '2차원적 판단'에 머물러있지는 않은가?
   더 입체적인 시선으로 갈등을 다시 바라볼 수는
   없을까?

02
챕터

—

인식

갈등의
프레임 전환

갈등은 낡은 틀 속에 가두면 적이 되고,
새 창으로 열면 길이 된다.
패러다임을 전환할 때,
우리는 갈등 속에서 길을 찾는다.

01

갈등은 인간을
인간답게 만든다

예민한 자의 생존 기술

"넌 참 예민해."

살면서 자주 들었던 말이다. 예민하다는 말을 들으면 내 깊은 곳, 감정 발전소에서 부정적 감정이 바로 뿜어져 나왔다. 그 단어엔 유난스럽고 피곤하다는 뉘앙스가 담겨있다는 걸 알고 있었기 때문이다. 하지만 어느 순간부터 나의 예민함이 꼭 나쁘지만은 않다고 생각하기로 했다.

일종의 '정신 승리'라고 부르는 이가 있겠지만 솔직

히 내 예민함은 꽤 쓸모 있는 구석이 있다.

사람들의 말투나 표정, 분위기 변화에 빠르게 반응하는 감각 덕분에 회의 분위기를 읽거나 타인과의 긴장 상태를 조율할 수 있고, 고객이나 학습자의 숨은 니즈도 비교적 잘 포착할 수 있다.

어느 순간 나에게 예민함은 결함이 아니라 능력이 되어 있었다.

그러던 어느 날, 운명 같은 책을 만났다.

『센서티브(Highly Sensitive People)』

덴마크의 심리치료사 일자 샌드(Ilse Sand)는 그 책에서 민감한 사람들을 향해 이렇게 말했다.

"당신이 민감하다는 것은
세심하게 타인을 이해할 수 있다는
재능을 가진 것이다."

그 한 줄에 나는 위로를 받았다. 나의 예민함이 결핍

이 아니라 자질일 수 있다는 말, 그것이 타인을 더 잘 이해하고 관계의 결을 포착하는 데 쓰일 수 있다는 메시지는 나의 자존감에 불을 지폈다.

나는 지금도 예민하다는 말을 종종 듣는다. 하지만 이제 그 말이 전처럼 불쾌하진 않다. 오히려 나의 그것이 '사회적 감각'의 일부임을 이해하고 나니, 고치기보다는 더 잘 활용하고 싶어졌다. 특히 복잡하고 불확실함으로 가득 찬 지금 시대에 예민함을 기반으로 하는 '눈치'는 매우 중요한 생존 기술이라고 믿는다. 이런 생각에 확신을 준 이론이 있다. 바로 '마키아벨리 지능 가설(Machiavellian Intelligence Hypothesis)'이다.

갈등이 인간을 만든다?

마키아벨리 지능 가설은 1988년 인류학자 리처드 바이른(Richard W. Byrne)과 앤드류 휘튼(Andrew Whiten)이 제시한 이론이다. 그들은 인간을 포함한 영장류의 고도 지능은 '사회적 삶의 복잡성'에 적응하기 위해 진화한 것이라고 주장한다. 즉, 누구보다 빨리 눈치채고, 미묘한 감정을 읽고, 유리한 사회적 위치를 확보하려는 본능이 인간의 뇌를 발달시켰다는 것이다.

진화심리학자 다리오 마에스트리피에리(Dario Maestripieri)는 인간이 본래 도덕적이어서 협력하는 것이 아니라, 협력이 생존에 유리했기에 도덕을 발달시킨 존재라고 말한다.

즉, 인간이 공동체 속에서 살아남기 위한 본능의 진화적 결과물이 인간다움이라는 의미다.

또한 진화생물학자인 로빈 던바(Robin Dunbar)는 '사회적 뇌 가설(Social Brain Hypothesis)'을 통해, 인간의 두뇌 용량이 커진 이유를 복잡한 사회적 관계망을 관리하기 위해서라고 설명한다.

이 모든 이론과 주장은 결국 같은 방향을 가리킨다. 우리는 관계의 동물이고, 경쟁과 갈등이라는 과제를 통해 인간다움과 성장을 배운다는 것이다. 그래서 이제 나는 갈등을 예전처럼 피곤하고 불편한 일로만 보지 않는다. 갈등은 인간의 삶에 본래부터 깃들어 있던 진화적 과제고, 우리가 더 복잡하고 성숙한 존재로 진화하는 과정이라고 받아들였기 때문이다.

'눈치가 빠르다.'
'사람 보는 눈이 있다.'
'분위기를 읽는다.'

이 모든 말은 인류가 오랜 시간에 걸쳐 축적해 온 생존 기술의 흔적이다.

이제 나는 갈등을 성장의 징후로 본다. 갈등은 인간을 인간답게 만드는 통로이며, 관계를 더 복잡하고 성숙하게 만드는 진입로다.

나는 요즘 갈등 앞에서 이런 태도를 연습 중이다.
갈등이 오면 도망치거나 회피하기보다, 이렇게 묻는 것이다.

'이 갈등은 나에게, 우리에게 무엇을 가르치고

질문하고 있는가?'

Reflective Questions

1. 최근 겪은 갈등은 나에게 어떤 감정과
   생각을 일으켰는가?
2. 갈등을 성장의 신호로 받아들이기 위해,
   내가 바꿔야 할 관점은 무엇인가?
3. 갈등을 겪고 나서 한 걸음 나아갈 수 있는
   해답을 얻은 적이 있는가?

02

사람과 사람 사이,
그 틈에 '일'이 있다

관계주의 사회, 대한민국

"나는 누구인가?"

이는 1991년에 심리학자 헤이즐 로즈 마커스(Hazel Rose Markus)와 키타야마 시노부(Shinobu Kitayama)가 수행한 연구에서 다룬 핵심 질문이다.

각기 다른 문화권의 사람들이 *"나는 누구인가?"*라는 질문에 어떻게 대답하는지를 알아보는 것이 연구의 주요 내용이다.

실험은 단순했다. 미국과 일본의 대학생들에게

"나는 누구인가?"라는 질문을 던지고, 생각나는 문장

20개를 적게 했다.

결과는 꽤 흥미로웠다.

미국 학생들은

"나는 창의적인 사람이다.",

"나는 스스로 결정하는 걸 좋아한다."처럼

자기 특성과 개성을 중심으로 답했다.

반면 일본 학생들은

"나는 누나가 두 명인 막내다.",

"나는 친구들에게

의지가 되는 사람이다."처럼

'관계'를 중심으로 자신을 정의했다.

같은 질문을 던졌지만, 답이 전혀 달랐다. 어떤 이는

자기 안을 들여다봤고, 어떤 이는 자기 주위를 살폈다.

이 틀을 한국에 적용한 초기 연구들에서 한국인 역시

자신에 대한 정의를 관계 속에서 찾는 '상호 의존적' 경향이 두드러지는 것으로 나타났다. 최근 유사 연구에서는 일본인보다 독립성이 높은 것으로 나타났지만 관계 속에서 자기 자신을 찾는 모습은 여전히 존재했다. 이 실험을 보고 나 자신에게도 물어보았다.

'나는 누구인가?'

나는 내 직업에서의 역할, 가족과의 관계, 친구와의 유대 속에서 나를 설명하려는 경향이 있다는 걸 깨달았다.

'나는 로젠탈을 이끄는 리더고,
가족 내에서는 아빠, 남편, 아들로 존재하며,
언제든 동료들과 함께 성장하려고
애쓰는 사람이다.'

나의 자아는 사람들과의 관계 안에 깃들어 있었다. 이 실험은 문화마다 자아를 형성하는 방식이 다르다는 걸 보여준다.

서구 문화는 독립적 자기(self), 즉 타인과 구별된 나를 강조한다. 하지만 한국처럼 유교적 전통이 깊은 사회에서는 상호 의존적 자기(self), 즉 관계 속의 나를 더 중시한다. 내가 누구인가를 말할 때, 우리는 종종 '누구와 어떤 관계인가'를 먼저 떠올린다.

이것이 바로 동양 문화권 내 대한민국이 '관계주의 사회'라고 불리는 이유다.

사람이 아니라 일이 문제다

우리가 업무 중에 겪는 많은 갈등은 '사람 간의 문제'처럼 보이지만, 사실은 '일의 방식'에 대한 충돌이 대부분이다. 그런데도 우리는 갈등이 발생하면, 일을 보기보다 사람을 본다.

"그 사람은 왜 나한테 그래?"
"그 사람 원래 나 안 좋아해."
이런 말이 자연스럽게 오간다.

대부분 업무 현장에서 생기는 갈등은 '일'에서 원인

을 찾을 수 있는데, 한국 사람들은 갈등의 발화점을 사람에게서 찾는 경향을 보인다.

나는 한국 조직 문화의 이 독특한 패턴은 '관계주의' 때문이라고 생각한다.

우리 사회는 유교적 전통과 정(情)의 문화, 체면과 위계라는 고맥락 문화 위에서 자라왔다. 그래서 누군가와 갈등이 생기면, 그 원인을 '그 사람'에게서 찾는다.

결국 일에 대한 피드백도
'나를 싫어하나?'라는 해석으로 바뀌고,
아이디어 제안조차
'지금 나를 무시하는 거야?'로 오해한다.

물론, 갈등이 언제나 단일 원인으로 생기는 것은 아니다. 직무적인 충돌과 개인 간 감정적인 불편함이 얽혀있는 경우도 많다. 하지만 중심을 어디에 두느냐에 따라 해결의 실마리는 전혀 달라진다.

미국의 조직 심리학자 카렌 A. 젠(Karen A. Jehn)은 한 조직 내에서 일어나는 갈등을 '직무 갈등(task conflict)'

과 '관계 갈등(relationship conflict)'으로 나누어 분석했다. 그녀는 1995년 조직학과 경영학 분야의 저명한 저널 ASQ의 기고에서 직무 갈등과 관계 갈등에 대해 이렇게 주장했다.

"직무 갈등은 '무엇을 어떻게 해낼 것인가'에 관한 논쟁으로 건설적인 반면, 관계 갈등은 개인 간의 정서적 마찰과 불화(예컨대 불신, 좌절, 감정적 긴장)에 뿌리를 둔 갈등으로, 조직의 성과와 구성원 만족도를 해치는 핵심 요인이 된다."

관계 갈등이 감정 상함, 인신공격, 비호감 같은 상황으로 번진다면 팀워크를 무너뜨리고, 성과와 만족도 모두에 부정적인 영향을 미친다. 갈등은 그 내용보다 무엇을 두고 갈등하느냐가 더 중요하다는 것이다.

박준성 중앙대학교 미래교육원 교수가 2024년 발표한 〈한국 사회에서 공존을 위한 문화심리학적 이해: 수직적 관계 주의와 수평적 관계 주의를 중심으로〉를 보면, 한국 사회는 오랜 세월 공동체와 관계를 개인보다 우선시해 온 문화적 기반 위에 서있다고 한다.

이런 관계 중심의 문화는 협력과 배려를 가능하게 하지만, 동시에 갈등의 초점을 '문제'보다 '관계'에 두게 만들어 직무상의 논쟁조차 감정적 불화로 확산시키는 양면성을 지닌다.

즉, "왜 이 일을 이렇게 처리하느냐."라는
직무 관련 질문도,
"기분 나쁘게 말했어."라는
관계의 문제로 인식한다는 것이다.

적을 만들면 제거하고 싶어진다

넷플릭스 드라마 〈고스트 워(Ghost War)〉에서 한 등장인물은 이런 대사를 남긴다.

"군인은 적으로 보기 때문에 제거하려 들고,
기술자는 문제로 보기 때문에 해결하려 든다."

이 말은 갈등을 대하는 관점의 차이를 정확히 설명한다. 갈등의 대상을 '적'으로 인식하면 제거와 회피를 하려 하고, 갈등의 사건을 우리가 겪은 '문제'로 인식하면 해결하려 할 것이다.

나는, 또 우리 조직은 어떤 관점으로 갈등을 인식하고 있을까?

갈등을 한 발짝 물러서서 제삼자의 시선으로 바라보면, 감정의 벽 뒤에 숨은, 아주 단순한 '업무 절차의 오류'나 '전달 방식의 오해'가 보일 것이다.

의견충돌의 원인을 사람에게서 찾고, 개인적 호불호로 접근한다면 갈등은 해결되지 않은 상태로 회피하게 되며, 언젠가 더 큰 폭발로 돌아온다.

갈등이 생겼을 때 스스로에게 이렇게 물어보자.

"지금 이 갈등은 '무엇'을 놓고 벌어지고 있는가?
일인가? 타인과의 감정인가?"

"지금 이 갈등은 '누군가의 잘못' 때문일까, 아니면
'일의 방식이나 절차' 때문일까?"

'만약 갈등의 대상이 사람이라면,
그 사람이 사라진다고 갈등이 사라질까?'

Reflective Questions

1. 나는 최근 겪은 갈등 중, 직무 갈등을 관계 갈등으로
   오인한 적은 없었나?
2. 갈등 상황에서 상대를 바라보는 나의 관점은
   사건 중심인가, 인물 중심인가?
3. 갈등 상황을 제삼자에게 설명할 수 있을 만큼
   객관적으로 바라보고 있는가?

03

갈등은 흑백이 아니라
그라데이션이다

그라데이션 갈등

중학교 시절부터 친했던 정말 가까운 친구가 있었다. 성인이 되어 나는 군에 입대했고, 그는 개인 사정으로 면제를 받아 지방에 머물렀다. 가끔 통화를 할 땐 여전히 반가웠다. 웃고 떠들고, 예전과 다를 바 없었다. 그런데 어느 순간부터 사이가 어색해졌다. 가끔 전화를 걸어도 퉁명스러운 반응이 돌아왔고, 나도 덩달아 말투가 딱딱해졌다. 그렇게 감정의 골이 깊어지는 줄도 모르고, 우리는 서서히 멀어지고 있었다. 그러다 휴가를 나와 오랜만에 전화를 걸었는데, 또 냉담한 반응이 돌아왔다. 참다못해 물었다.

"야, 나 뭐 잘못했냐?"

그제야 친구가 말했다.

"너 입대하고 처음 통화할 때,
말투가 너무 낯설었어.
군인이 되어서 그런가 거칠고 딱딱했어.
예전의 네가 아니라서 당황스럽기도 하고..."

그 말을 듣고 나서야 알았다. 나는 그대로인 줄 알았
는데, 군대에서의 말투가 친구에게 상처였다는 걸. 서
로의 마음을 모른 채, 우린 그렇게 어긋나고 있었던 것
이다. 그렇게 빛나던 학창 시절을 함께했던 친구가, 성
인의 문턱에서 영영 낯선 이가 되어 버렸다.

사람들은 종종 갈등을 '지금부터 시작된 일'로 인식
한다. 오늘 무슨 말을 했길래, 갑자기 왜 저러냐는 식이
다. 그러나 갈등은 그렇게 간단하지 않다.
갈등은 오랜 시간 누적된 감정, 말하지 못한 상처, 기

대와 현실 사이의 간극이 스며들며 서서히 진행된다.

서서히 물들어가는 수묵화처럼, 경계가 뚜렷하지 않게 번져가는 것이다.

이런 과정을 나는 '그라데이션 갈등'이라 부른다.

마치 흰색에서 회색으로, 다시 짙은 회색으로 변하는 색의 농도처럼 관계의 온도도 서서히 변한다. 처음에는 어색함, 그다음은 거리감, 그리고 어느 순간엔 냉대와 무관심으로 이어진다. 문제는 당사자 누구도 이 변화를 '명확히 인식하지 못한다'는 데 있다.

그래서 갈등은 흑백이 아닌 그라데이션이다.

색이 짙어지기 전, 바로잡는 용기

감정은 표현되지 않으면 응어리가 된다. 마치 장마철 고인 물이 썩어 냄새가 나는 것처럼, 말하지 못한 감정은 관계 속에 부정적 감정을 퍼뜨린다. 단 한 줄기의 불편한 감정이라도 제때 흘려보내지 않으면 곧 갈등의 늪을 만든다.

갈등이 본격화되기 전, 색이 회색으로 물들기 시작할

때 바로잡는 것이 중요하다.

"그때 내가 한 말, 혹시 기분 나빴던 건 아니야?"라는 단순한 질문이 회색을 다시 밝은 색으로 돌아오게 하는 실마리가 될 수 있다. 관계는 회복도 충분히 가능하다.

그렇지만 상대에게
"너 나한테 서운한 거 있어?"
라고 묻는 건 쉽지 않다.
우리는 종종 스스로를 의심하는 일종의
'자기 검열' 버릇이 있기 때문이다.

'괜한 말을 군이 꺼내는 걸까'
'상대가 모른 척하는 건 아닐까?'
'내가 예민한 건가?'
대부분의 사람들은 감정을 드러내는 것을 주저한다.
'그냥 지나가겠지.',
'조금 지나면 다시 가까워지겠지.'라는
기대 속에 불편한 마음을 덮어둔다. 검게 물들고 있는 종이를 방치하면 점점 더 짙어질 뿐이다.

갈등도 마찬가지다. 그대로 두면 더 악화될 뿐이다.

갈등의 정면 돌파에 앞서

갈등이 악화되어 관계가 틀어지기 전 상대에게 감정을 표현해야 한다. 대화를 통해 갈등을 정면 돌파 하는 것이다. 정면 돌파 하기 전, 우리가 해볼 수 있는 3가지 행동을 제안한다.

첫 번째, 탐색 질문을 건넨다.

"혹시, 지난번에 내가 했던 말이 마음에 걸렸다면 미안해."

"요즘 우리 사이가 어색한데, 나만 그렇게 느끼는 걸까?"

이런 질문은 상대에게 감정을 표현할 수 있는 '안전한 통로'를 열어준다. 탐색 질문은 정답을 요구하지 않는다. 감정을 여는 열쇠일 뿐이다.

두 번째, 감정 일기를 써본다.

실제로 감정 일기는 대인 갈등 스트레스를 완화하는 데 효과가 있다는 연구도 있다. 말로 꺼내기 어려운 감정을 글로 꺼내보자. 내 감정의 뿌리는 무엇인지, 왜 예민했는지를 정리하다 보면 자연스레 감정 정리가 되기도 한다 .

세 번째, 제삼자의 시선으로 조용히 복기해 본다.

상대의 입장이 아니라, 제삼자의 눈으로 관계를 되돌아보는 것이다. 마치 드라마 한 장면을 재생하듯, 그때의 말투, 표정, 흐름을 떠올려 보자. 그렇게 하면 문득,

'그 입장이라면 나라도 그랬을 것 같아.'와 같은 작은 공감이 생기기도 한다.

그럼에도 마음이 여전히 회색에 머물러있다면?

그땐 다음 단계로 넘어가야 한다. 바로 '정면 돌파'다. 감정을 말로 꺼낸다는 건 상대를 몰아붙이려는 게 아니다. '관계를 다시 회복하고 싶다'는 신호다. 그리고 그 시작은, 내가 먼저여야 한다.

Reflective Questions

1. 나는 지금 어떤 갈등을 흑백의 이분법으로
   단정하고 있지는 않은가?

2. 최근 누군가와의 거리감이 느껴졌던 적이 있다면,
   그 시작점은 언제였을까?

3. 감정을 숨기기보다 표현해야 했던 순간은
   언제였는가?

04

숨기지 말고 드러내기,
갈등의 정면 돌파

오히려 칼을 드는 게 낫다

한동안 눈꺼풀 안쪽이 이상하게 불편했다. 거울을 보니 작고 붉은 다래끼 하나가 올라와 있었다. 의학적 명칭으로는 맥립종(hordeolum). 그 크기가 참 애매했다. 터뜨리자니 작고, 가라앉히자니 찝찝했다. 눈에 잘 띄지도 않았지만, 매 순간 깜빡일 때마다 거슬리는 감각이 신경 쓰였다. 안약을 넣고, 항생제를 복용하며 버텼지만 별다른 변화는 없었다.

의사는 말했다.

"아직 째기에는 애매한 크기입니다. 조금 더 지켜보죠."

하지만 나는 그 '지켜봄'에 지쳐갔고 결국, 결단을 내렸다. 일부러 손을 대거나 자극을 주어 염증을 키운 후, 병원에 가서 칼을 댔다. 순간 따끔했지만, 그 뒤로는 시원했다. 고통은 끝났고, 오히려 이 방식이 빠른 해결이라는 걸 깨달았다.

그 경험은 갈등을 다루는 방식과 너무도 닮아있었다. 겉으로는 아무렇지 않아 보여도, 안에서는 불편이 쌓이고 있었다. 가라앉기만을 기다리기엔 이미 감정의 덩어리는 자라고 있었다.

차라리 드러내는 편이 낫다. 드러내고, 째고, 치료하는 것. 갈등을 드러내는 건 다툼이 아니라 정면 돌파다.

마취제가 등장하기 전, 외과 수술실은 고문실에 가까웠다. 질병을 치유하려면 그보다 더 큰 매스의 고통을 감내해야 했기 때문이다. 갈등에서 속내를 드러내는 건 매스의 공포와 유사하다. 하지만 그 과정을 거치지 않는다면 그다음 관리로 나아가기 어렵다.

많은 사람들과 조직은 갈등을 '지금은 우선 피해야

할 것'으로 여기는 경향이 있다.

"그냥 덮자."
"지금은 때가 아니다."

하지만 감정은 그렇게 덮는다고 사라지지 않는다. 눈가에 자리해서 며칠이나 나를 괴롭혔던 맥립종처럼, 언젠가는 드러내야 할 시점이 온다. 갈등을 드러내는 건 문제를 '조장'하는 것이 아니라, 더 큰 문제를 '예방'하는 일이다. 오해를 풀고, 진심을 확인하며, 앞으로의 폭발을 막는 지혜다.

쏟아진 잉크 이론

종이에 잉크가 몇 방울 떨어졌다. 종이의 결을 타고 번지는 잉크를 보고 다급한 마음에 티슈를 뽑아 문지르기 시작했다. 그렇게 몇 번 오간 티슈 아래로 시커멓게 변해버린 종이가 보였다. 이것이 바로 '쏟아진 잉크 이론'이다. 대충 닦고 문대면 해결되겠지 하는 마음이 작은 사건을 크게 만들어 버린다.

초기에 있는 그대로 갈등을 '드러내야' 제대로 '들어낼 수' 있다. 잠시 불편하더라도, 바로 그때 꺼내야 한다. '드러냄'은 용기다.

도쿄 여행 중에 들렀던 박물관에서 흥미로운 경험을 한 적이 있다. 깨진 도자기 조각들을 접합제로 이어 붙인 다음 그 위에 금가루 또는 은가루를 발라 재생시킨 도자기,

킨츠기(金継ぎ)다.

'킨츠기'는 일본의 전통적인 도자기 수리 기법으로 글자 그대로 '금(金)으로 잇는다(継ぎ)'는 뜻을 가지고 있다고 한다.

깨진 그릇을 원래대로 복원하는 것이 아니라, 상처가 난 자리를 오히려 금이나 은으로 강조하여 새로운 가치를 부여하는 특징이 있다.

방식은 간단하다. 산산이 부서진 도자기를 옻칠로 이어 붙이고, 그 틈새를 금가루나 은가루로 메운다. 그러면 금빛의 선들이 도자기 표면에 길처럼 남고, 그 흔적이 오히려 그릇을 더욱 독특하고 고귀하게 만든다. 단순히 다시 쓸 수 있는 도구가 되는 것이 아니라, 예술 작품으로 재탄생하는 것이다.

실제로 이러한 킨츠기 도자기는 일본 안팎의 미술 시장에서 일반 도자기보다 훨씬 높은 가격에 거래된다.

깨짐의 흔적이 오히려 그릇의 스토리와 희소성을 만들어내기 때문이다.

갈등도 이와 닮았다. 인간관계에 생긴 '실금'을 대부분은 실패나 상실의 증거로 여긴다. 그래서 숨기려 하거나, 흔적을 지우려 애쓴다. 하지만 킨츠기처럼 그 상처를 가리는 대신, 정직하게 드러내고 정성껏 이어 붙인다면 관계는 오히려 더 깊은 신뢰와 의미를 얻게 된다. 상처가 사라지는 것이 아니라, 상처를 품은 채로 새롭게 빛나는 관계가 되는 것이다.

갈등은 넘어져서 생긴 작은 상처와 같다.

덮어두면 곪아가고, 드러내고 소독하면 치유된다. 인간관계에서 발생하는 다양한 상처들을 숨기기만 하면 어느새 손대기도 어려운 고통이 된다. 조금 불편하더라도 오히려 드러내고 다퉈야 관계가 살아난다.

깨진 도자기의 금빛 자국이 작품의 가치를 높이듯, 갈등 또한 회피와 은폐가 아닌 돌봄과 성찰을 통해 다룰 때, 단순한 파손이 아닌 성장의 흔적으로 남는다.

Reflective Questions

1. 나는 지금 감정을 덮고 있는 갈등이 있는가?
2. 조직이나 팀이 '불편함을 이야기하는 시간'이
   가능한 분위기인가?
3. 내가 먼저 건넬 수 있는 솔직한 한마디는 무엇일까?

05

존중을
존중해야 하는 이유

두 번 보면 보이는 장면

브래드 피트 주연의 〈F1: 더 무비〉라는 영화가 있다. 세계에서 가장 빠르고 비싼 스포츠라 불리는 포뮬러 1을 다룬 영화인데 얼마나 흥미진진하던지 3주 사이에 두 번이나 봤다.

주변에서는

"*왜 같은 영화를 또 보냐.*",

"*n차 관람은 돈이 아깝다.*"라며 의아해했다.

하지만 두 번째 관람에서 나는 처음 봤을 때

놓쳤던 장면들을 새롭게 발견했다.

특히 기억에 남는 건, 경험과 나이가 많은 베테랑 드라이버 소니(브래드 피트)와 패기와 실력은 있지만 아직 다듬어지지 않은 신예 조슈아의 갈등 장면이었다. 둘의 중재 과정에서 조슈아가 소니에게 이렇게 지적한다.

"이 사람은 남의 이야기를 잘 듣지 않아요."

그런데 소니는 그 말조차 귀에 들어오지 않는 듯,
*'무슨 말했어?'*라는 표정을 짓는다.

유머러스하게 삽입된 캐릭터 설정 덕에 관객들은 웃음을 터뜨렸고, 나 역시 처음 보는 것처럼 깔깔 웃었다. 그 장면은 처음 관람 때도 분명 있었다. 단지 내가 그 장면을 놓쳤을 뿐.

누군가는 같은 영화를 두 번째 보느니 새로운 영화를 보는 편이 낫다고 하지만, 나에겐 관람료가 전혀 아깝지 않을 만큼 좋은 시간이었다. 두 번을 보니 비로소 장면 하나하나의 의미와 영화 속 인물의 관계를 제대로 이해할 수 있었기 때문이다.

'다시 보다.'

'존중(Respect)'이라는 말은 라틴어 respectus에서 왔고, 그 뜻은 '다시 보다'이다. respect는 're-(다시) + spect(보다)', 즉 단순히 한 번 보고 판단하지 말고 주의 깊게 다시 바라보라는 의미가 숨어있다. 한국어 '존중'의 사전적 의미는 "높이어 귀중하게 대함."이라는 뜻인데, 이는 단지 격식이나 예절을 갖춘 행동이 아니라, 사람을 대하는 깊은 태도를 말한다. 깊이 본다는 건, 다시보고자 하는 노력에서 시작된다. 사람도 영화도 여러 번 보면 제대로 볼 수 있다.

누구나 답을 알고 있다

박사과정 시절, 평생교육학을 전공하던 나는 지도교수님께 이런 말씀을 자주 들었다.

"웬만한 성인은 뭘 하면 안 되는지, 뭐가 옳은지는
다 알아요. 다만 잘 안되거나, 어려워할 뿐이지."

나는 그 말을 마음 깊은 곳에 남겼고 지금도 중요한
철학으로 삼고 있다. 그리고 시간이 지날수록, 사람 사
이의 갈등을 대할 때 이 말이 자주 떠오른다. 우리가 누
군가의 행동에 불편함을 느낄 때, 그 사람이 '몰라서' 그
런 건 아니라는 이해가 필요하다.

약속에 늦은 친구,
어제 한 실수를 또 반복하는 후배.

그들이 정말로
'약속은 지켜야 한다',
'같은 실수를 반복하면 안 된다'는
걸 몰라서 그런 걸까?

가령, 내가 약속 시간을 착각해서
헐레벌떡 달려와 도착했다고 상상해 보자.
그런데 친구가 스마트폰을 들이대며

이렇게 말한다면 어떨까?

"너 기억 안 나? 어제 문자로 확인한 거잖아.
 왜 또 늦은 거야?"

순간, 나는 미안함과 억울함 사이
어디쯤의 복잡한 감정을 느끼게 될 것이다.

'내가 일부러 그런 것도 아닌데…'
'잘못은 했지만, 그 말투는 좀…'

나는 그 친구가 나에게 설명할 기회를 주지 않았다는 것에 서운함을 느낄 것이다. 내가 떳떳해서가 아니라 최소한 내 상황을 전할 기회를 주지 않았기 때문이다.

존중이란 결국 이런 순간에 드러나는 태도다. 상대가 분명히 알 만한 사람이라는 전제를 놓는 것. 그리고 그 행동 뒤에 다른 이유가 있을 수도 있다는 여지를 담은 질문을 건네는 것이다.

"왜 늦었어?"보다는,

"무슨 일 있었어?"라고 묻는 것이다.

그 한마디 질문이, 관계를 판단에서 이해로 바꾸고 갈등이 자라기 전에 대화를 열 수 있게 한다. 그래서 진짜 존중은 '그도 알고 있다.'는 전제에서 시작되어야 한다. 그렇다면 그 행동 뒤에 어떤 사정이 있었는지 질문하게 된다.

이 작은 차이가 사람을 판단에서 해방시킨다. 그리고 그 해방감은 방어를 풀게 한다. 갈등은 그 지점에서 비로소 관계 회복의 가능성을 품는다.

존중이 없는 갈등은 관계를 수직으로 만든다

존중이 결여된 대화는 관계를 쉽게 망가뜨린다. 상대방은 해명할 기회조차 갖기 전에 이미 판단받고 있다는 느낌에 방어적으로 반응하게 된다. 그 결과는 단순하다.

"내가 뭘 그렇게 잘못했는데?"

"넌 항상 나를 그렇게 봐."

공격과 방어의 교환, 오해의 증폭이다. 이런 관계에서는 한 사람은 '가르치고', 다른 한 사람은 '고쳐야 하는 존재'가 된다. 수평적 관계는 사라지고, 대화는 힘을 잃게 되며 회복의 문은 닫힌다. 하지만 존중이 있는 갈등은 다르다. 관계 개선을 위한 기회를 만들고 회복으로 안내하는 대화의 문을 열어준다.

"네가 왜 그랬는지 듣고 싶어."

"네 상황을 이해하고 싶어서 그래."

이런 말 한마디가, 갈등의 흐름을 바꾼다. 갈등을 존중의 태도로 대해보자.

첫 번째, 판단보다 질문하기

*"왜 그랬어?"*보다는 *"어떤 상황이 있었어?"*가
  존중의 질문이다.

두 번째, 상대의 지식과 감정 공감하기

*"그걸 몰라서 그랬어?"*는 비난,

*"알면서 얼마나 힘들었을까?"*는

공감이다.

세 번째, 감정을 다룰 공간 주기

침묵, 기다림, 말할 기회를 주는 것이 배려다.

네 번째, 비교하지 않기

*'나는 안 그러는데…'*와 같은 비교는

사실 비난이다.

봐주지 말고 봐 주기

이 모든 실천은 '다시 보는 것'에서 시작된다. 진짜 존중은 그 사람을 있는 그대로 다시 보는 것, 그 맥락을 읽으려는 '태도'다.

많은 사람이 존중을 오해한다.

"그럼 다 참으란 말이야?"

"계속 당하기만 해야 해?"

하지만 존중은 그런 것이 아니다. 존중은 '봐주는 (excuse) 것'이 아니라, '봐(see) 주는 힘'이다.

존중은 상대의 행동이 옳다고 말하는 것도, 자신을 희생하는 것도 아니다.

존중은 상대방에게

'나는 당신을 판단하지 않겠습니다.

당신의 입장을 듣고 싶습니다.'라는

태도에서 출발한다.

갈등을 기적처럼 없애주진 못하겠지만, 상대가 진심을 꺼낼 수 있도록 만들어줄 수는 있다.

상대의 의도를 판단하지 않기	설명할 기회를 주기	감정을 다룰 시간을 허락하기

이것은 최소한의 관계 유지이자, 회복의 출발점이다.

존중은 봐주는 것이 아니라, 다시 제대로 보는 힘이다.

Reflective Questions

1. 나는 최근 누군가에게 '왜 저래!' 하며
   답답해한 적 없는가?
2. 상대의 실수 앞에서, 그 사람의 '사정'을
   생각해 본 적 있는가?
3. 갈등 상황에서 먼저 존중하는 태도를 보이면
   어떤 변화가 생길까?

03

챕터

–

조망

갈등,
객관적으로 보기

소용돌이 안에서는 물살만 보이지만,
밖으로 나오면 흐름이 보인다.
거리를 두는 순간,
갈등은 우리를 위한 길잡이가 된다.

01

감정이 갈등을
키운다

감정이 갈등에 손을 내밀 때

예전에 개인 유튜브 채널을 운영한 적이 있다. 유튜브 사용자가 지금처럼 많지 않았던 시절, 개인 PD를 섭외해 1주일에 2편씩 영상을 올렸다. 내 생각을 영상으로 전하고 설득하는 일이 하나의 도전처럼 느껴졌다.

3개월쯤 지났을 때, 한 기업 담당자에게 교육 프로그램 논의를 위한 미팅 요청을 받았다. 그런데 막상 자리에 가보니 나 외에 다른 강사가 있었고, 그와 담당자는 '그들만 아는' 이야기로 웃으며 대화를 이어갔다.

'이럴 거면 따로 미팅을 잡지.'

10여 분쯤 지났을까? 슬슬 불편해지기 시작할 때쯤 스마트폰으로 내 유튜브 채널을 열었다. 그 순간 담당자가 말을 걸었다.

"유튜브 하시죠? 뵙기 전에 들어가 봤어요.
그런데 편집도 직접 하세요?"

"아, 편집은 PD가 하고 있습니다."
그러자 뜻밖의 질문이 날아왔다.
"아… 그걸 돈 주고 하시는 거예요?"

순간 머릿속이 복잡해졌다.
'아… 그걸 돈 주고? 무슨 뜻이지?'
생각이 채 정리되기 전에 이어진 말이
내 감정을 확 상하게 했다.

"근데 미팅 중에 왜 유튜브를 보고 계셨어요?
미팅에 관심 없으세요?"
'?'

감정은 정보를 왜곡한다. 부정적 감정은 특히 그렇다. 상황을 실제보다 더 심각하게 느끼게 하고, 사소한 말을 개인적인 모욕으로 받아들이게 만든다.

그 당시 담당자가 건넨 말은
'아~ 영상을 제작하면 돈이 드는구나.'라는
깨달음이었을 수도 있다.

그리고 내가 대화의 주체가 되지 못해 겉돌고 있는 게 본인들 과실이 아니라 나의 무관심 때문이라고 해석했을 수도 있다.

감정이 상하면 누군가 내 일에 피드백을 줘도
'더 나아지자.'라는
뜻으로 받아들이는게 아니라,
'내가 무능하다는 뜻이야?'라고
오해할 수 있다.
감정에 휩싸인 시야는 갈등의 본질을 가린다.

편도체의 공격을 경계하라

나는 감정 반응이 단순히 성격 문제가 아니라, 뇌의 진화적 본능이라는 걸 알고 나서야 '욱하는' 순간을 다르게 보기 시작했다. 뇌의 편도체는 위협을 감지하면, 논리와 판단을 담당하는 전전두엽보다 먼저 반응한다. 하버드의 심리학자 대니얼 골먼(Daniel Goleman)은 이를 '편도체 하이잭(Amygdala Hijack)'이라고 불렀다. 이성적인 판단을 담당하는 전전두엽이 개입하기 전에 편도체가 먼저 반응해 충동적인 행동을 유발하는 것이다. 과거에는 이렇게 즉각 반응해야만 생존할 수 있었는데 오늘날 인간관계에서도 여전히 이 뇌 구조가 작동하고 있는 것이다.

감정이 올라오면 몸도 즉시 반응한다. 심장이 빨리 뛰고, 머리가 뜨거워지고, 입이 바짝 마르며, 교감신경계가 활성화된다. 심박수는 증가하고, 근육은 긴장하며, 소화는 억제된다. 이 순간 내 몸은 '싸우거나 피하라'는 신호를 받는다. 옥시토신은 줄고, 스트레스 호르몬인 코르티솔은 증가한다. 그 결과, 말이 거칠어지거나 회피하거나, 마음을 닫아버린다. 감정은 갈등을 쉽게 키운다.

중간 관리자 교육에서 만난 한 과장은 신입 사원과의 관계를 이야기해 줬다. 그는 신입 사원에게 반복적으로 서류 수정을 요청했다. 아직 배워야 할 것이 많은 시기였기에, 현장 경험을 통해 스스로 깨우치길 바라는 마음이었다고 했다. 그러던 어느 날, 신입 사원의 표정이 굳더니 이렇게 물었다고 한다.

"과장님, 혹시 저를 싫어하시나요?"

순간 당황한 과장은 팀원들 앞에서 그 태도를 지적했고, 얼마 지나지 않아 신입 사원은 회사를 떠났다.

과장은 자신이 사람 하나를 조직 밖으로 내몬 것 같다고 자책했다. 서로를 잘 몰랐던 단계에서 생긴 작은 오해가 감정에 휩싸이며 커진 결과였다.

갈등의 불을 회복의 불씨로

감정 관리는 '억누르는 것'도, '무조건 좋게 생각하는 것'도 아니다. 핵심은 '지나치게 부정적인 감정에 매몰되지 않는 것'이다. 감정은 파도처럼 밀려왔다가 멀어지는 일시적 기류다.

그 감정에 밀려 말이나 행동을 해버리면, 관계는 되돌리기 어려운 지경이 된다. 감정과 생각 사이에 '한 걸음의 여유'를 두는 것이 중요하다.

갈등이 '불'이라면, 감정은 기름이다. 감정을 다룰 줄 아는 사람은 그 불을 적절히 관리해 관계를 따뜻하게 덥히는 온기로 쓰지만, 감정에 휘둘리는 사람은 관계를 태워버린다.

갈등의 중심에는 언제나 감정이 있다. 감정에 사로잡히면 구조를 보지 못하고, 사람만 미워하게 된다. 나에게 가장 도움이 되었던 태도는 '감정에 붙잡히지 않는 것'이었다. 한 발짝 물러나 내 감정을 바깥에서 바라보는 태도는 더 나은 판단과 대화의 실마리를 가져다줬다.

Reflective Questions

1. 최근에 감정이 격해졌던 갈등 상황은
   무엇이었나?

2. 그때의 감정은 그 상황을 어떻게
   해석하게 만들었나?

3. 내가 감정적으로 반응했던 갈등 중, 나중에
   오해였음을 알게 된 적이 있었나?

02

감정의 늪에서
빠져나오기

지나간 것은 밟고 지나간 것일 뿐이다

한때 나는 콜롬비아가 세상에서 가장 위험한 나라라고 생각했다. IMF 시절, 콜롬비아로 이민 간 한국 가족의 이야기를 그린 영화 〈보고타〉를 보고 나서 그랬다. 영화 속 무질서와 폭력, 그리고 끝없는 불안은 나에게 '절대 가고 싶지 않은 나라'라는 인식을 심어주었다.

그런데 시간이 지나고, 다큐멘터리를 통해 그 나라를 조금씩 다시 보기 시작했다. 남미 대륙 북서부에 위치한 콜롬비아. 풍부한 자연 자원과 문화유산을 지닌 나라지만, 동시에 오랜 시간 내전과 마약 카르텔, 정치 불안, 경제 불균형 같은 고통을 견뎌야 했던 곳. 수십 년간 FARC 게릴라와 정부 간 무력 충돌이 이어졌고, 사람들은 일상을 불안과 공포 속에서 살아왔다. 그런데 놀라웠던 건, 그런 구조적인 불안 속 그들의 삶을 대하는 태도였다. 그들은 좌절이나 분노에 사로잡혀 무기력하게 주저앉는 대신 어떻게든 '오늘을 살아내는 힘'을 택했다.

나는 그들의 태도에서 '감정과 거리 두기'라는 중요한 기술을 배웠다. 콜롬비아 사람들의 삶은 감정을 억누르는 방식이 아니었다. 슬픔도 분노도 받아들이되, 그 감정 안에 너무 오래 머무르지 않는 것이었다. 축제, 음악, 음식, 춤 같은 공동체 활동을 통해 감정의 무게를 풀고, 현재로 복귀한다.

그런 태도는 단순한 낙관주의가 아니라 생존의 기술이자 집단의 지혜처럼 느껴졌다. 학자들은 이것을 '일상 속 회복 탄력성' 혹은 라틴형 긍정주의(Latin Optimism)라고 부른다고 한다.

콜롬비아 사람들은 종종 이런 말을 한다고 한다.

"Lo pasado, pisado.

(지나간 것은 밟고 지나간 것일 뿐이다.) "

이 문장은 단지 말이 예쁜 격언이 아니다. 살기 위한 신념이다. 그들은 절망과 불안을 '지나가게 할 줄 아는 능력'을 가지고 있다. 감정의 늪에 빠지지 않고, 그 위를 건너간다.

가만히 생각해 보면, 우리는 갈등이 생기면 그 갈등보다 감정에 더 오래 머문다.

'왜 나한테 그런 말을 했지?'
'그 사람은 도대체 왜
저런 식으로 행동하는 거야?'

머릿속에서 계속 돌고 도는 부정적 감정의 고리는 점점 감정을 증폭시킨다.

내 생각이 내 행동을 결정한다

"*It's not things that upset us,*

but our judgments about things."

"*사람은 어떤 사건에 의해 상처받는 것이 아니라,*

그 사건에 대한 판단에 의해 상처받는다."

고대 그리스 철학자 에픽테토스(Epictetus)가 남긴 말이다. 갈등이 엉뚱한 방향으로 확산되는 이유는 '실제 일'보다 그 일에 대한 판단 때문이라는 것이다.

갈등 상황 앞에 나타난 부정적 감정의 장애물을 치워야 한다. 더 커지기 전에, 그 자리에서 잠시 멈춰야 한다. 일어난 일을 되새김질하기보다, 지금 내가 할 수 있는 일을 찾아야 한다. 상황을 무시하라는 말이 아니다. 감정이 나를 조종하지 않도록, 내가 감정을 이끌어야 한다는 것이다.

영화 〈발레리나〉에선 과거에 끔찍한 일을 겪은 주인

공에게 건네는 위로의 말이 나온다.

"*그놈들에게 과거는 빼앗겼지만*

미래를 빼앗기지 말아."

긍정은 용기다. '실재'하지 않는 부정적 허상들에게 잠식당하지 않고 현상을 제대로 보는 힘이다.

콜롬비아 사람들에게 감정의 늪에서 빠져나오는 노력이 '오늘을 살아내는 힘'이라면, 나에게는 갈등이 확산되지 않도록 '관리하는 힘'이다.

갈등이 잦은 시대일수록,

감정의 주인으로 사는 힘은 더 절실하다.

Reflective Questions

1. 최근 갈등 상황에서 '과거'에 머무르느라
   '현재'의 선택을 놓친 경험이 있었나?

2. 놓친 선택을 다시 붙잡을 기회가 있다면
   무엇을 달리 했을까?

3. 감정에 잠식되지 않기 위한 나만의
   좋은 루틴이 있다면 무엇일까?

03

흐르게 두면
떠나간다

맞는 말보다 중요한 것

1챕터에서 교수님, 조교와 함께 교육 프로그램을 마친 뒤 뒤풀이 자리에 간 일을 이야기했다. 그 당시 상황과 이어지는 이야기다.

"*아주머니, 조금 친절하게 응대해 주세요.*"
라고 요청했는데도
직원의 태도는 달라지지 않았다.

나는 그녀의 행동을 문제라고 생각했고, 개선되지 않으면 식사 분위기에도 나쁜 영향을 줄 것이라고 판단했다.

실제로 그랬다. 나는 입맛이 떨어졌고, 점점 불쾌한 마음이 쌓여갔다. 그걸 다시 지적할까 고민하던 차에, 교수님이 조용히 말했다.

"그 사람이 친절하지 않은 건 나도 알아.
근데, 오늘 같은 좋은 자리를
그 사람 때문에 망치고 싶진 않은데?"

그다음 이어진 말은 나를 당황스럽게 했다.

"그리고 지금 분위기를 가라앉히고 있는 건
사실 그 사람보다 너 아냐?"

'내가 틀렸다는 건가? 불친절한 사람에게 한마디 하는 게 잘못된 행동이라는 건가?'라는 생각에 대꾸하려는 순간 교수님이 곧바로 몇 마디를 덧붙였다.

"오해하지 마.

네 생각이나 말이 틀렸단 게 아니야.

네가 지적한 건 다 맞는 말이야.

근데, 그 때문에 너 자신도 상처받고

식사 자리가 불편해지면 우리가 손해잖아.

그냥 '다시 안 오면 되지.' 하고

즐겁게 시간을 보내면 좋지 않아?"

20대를 보내며 내가 가장 듣기 싫었던 말 중에 하나가 "긍정적으로 생각해."였다.

혈기 왕성하던 나는 이렇게 생각했다.

'어떤 상황이 벌어졌는데,

그걸 어떻게 좋게만 해석할 수 있지?

내가 느낀 감정은 진짜인데?'

그때는 그 말이 내 감정을 억누르거나 감추라는 뜻이 아니었다는 것을 전혀 몰랐다. 그리고 그 말이 감정을 무시하라는 게 아니라, 감정에 휘둘리지 않는 태도를 말한 것이었다는 것도 이해하지 못했다.

하지만 이제는 안다. 감정을 없애거나 억제하라는 것이 아니라, 감정에 속지 말아야 한다는 것이라는 것을 말이다.

그날 이후 내 생각과 말이 옳다고 해도 상황과 어울리는 사람들의 마음을 고려한다면 '숨 고르기'를 다시 해야 한다는 걸 배웠다.

물론 여전히 쉽진 않지만.

감정에 휘둘리지 않도록

분노, 억울함, 실망 같은 감정은 인간이라면 당연히 느끼는 정서다. 하지만 그 감정이 나를 움직이는 힘이 되는 순간, 관계는 깨지고 갈등은 증폭된다. 감정은 인정하되, 그 감정이 나를 통제하게 두지 않는 것이 핵심이다.

콜롬비아 보고타에서는 최근 'La Rolita'라는 이름의 전기 버스 시스템이 운영되고 있다. 이 시스템의 특징은 여성 운전사 중심으로 구성되어 있다는 점이다. 보고타는 교통 정체와 혼잡, 승객의 불평, 성차별적 시선 등 감정적으로 위협적인 요소가 많은 도시다. 그럼에도 이 여성 기사들은 놀라울 정도로 차분하게, 그리고 유연하게 일상의 감정을 다뤄낸다.

'Reasons to be Cheerful(쾌활해야 할 이유)'이라는 웹사이트에 소개된 37세 여성 기사는 인터뷰에서 이렇게 말했다.

"하루에도 몇 번씩 화가 날 수 있는 상황을 만나요.
하지만 그걸 드러내는 순간,
저는 이 일을 계속할 수 없게 되죠.
저는 감정을 다루는 법을 배웠어요."

이처럼 이들은 감정을 억누르지 않으면서도, 자신의 직업적 정체성과 공동체적 책임을 중심에 두고 감정을 다룬다. 그들의 정서 조절 방식은 단순히 인내가 아니라, 훈련된 감정 인식과 반응 조절의 결과다.

감정이 나를 휘감아 갈등의 골짜기로 데려가려 할 때
콜롬비아의 격언
"Lo pasado, pisado.
(지나간 것은 밟고 지나간 것일 뿐이다.) "처럼,
현실을 긍정적으로 재해석해야 한다.

'90초 법칙', 흐르게 두면 떠나간다

하버드 의과대학의 신경과학자 질 볼트 테일러(Jill Bolte Taylor)는 뇌의 감정 반응과 생리적 반응 사이의 시간을 실험을 통해 측정했다. 그 결과, 감정이 뇌에서 발생하여 우리 몸에 전달되고 사라지는 데 걸리는 시간은 90초에 불과하다는 사실이 밝혀졌다.

즉, 감정은 자연스럽게 흐르게 두면 90초 안에 사라지지만, 우리는 그 감정을 생각으로 다시 불러오며 지속시킨다. 감정에 휘둘리지 않도록 '90초의 시간'을 확보하는 것만으로도 감정은 충분히 조절 가능하다.

다음은 갈등 상황에서 실천할 수 있는 감정 관리 전략이다.

1단계 | 90초 멈추기

숨을 크게 들이쉬며, 말하거나 판단하지 않고
감정을 관찰한다.

2단계 | 감정에 이름 붙이기

'지금 나는 분노를 느낀다'처럼 감정을 언어화하면
감정과 거리를 둘 수 있다.

3단계 | 판단 미루기

지금 당장의 감정으로 결정하지 말고,
하루 뒤 다시 판단하겠다고 유예한다.

이 간단한 전략만으로도 감정의 흐름을 통제하고, 상

황을 이성적으로 바라볼 수 있는 시간이 확보된다. 콜롬비아 여성 기사들처럼, 감정을 억제하지 않되, 그것에 휘둘리지 않기. 그 작은 연습이 우리를 관계의 균열이 아닌 회복으로 이끌 수 있다.

갈등에서의 감정은 맥주 거품과 같다. 맥주잔에 가득 차있어 보이지만 조금씩 가라앉다 결국 사라진다. 맥주를 급히 따르면 많은 거품이 생긴다. 갈등 상황에서의 성급한 판단과 행동은 성급히 따르는 맥주와 같아서 급하면 급할수록 감정의 파도는 더 크게 일어난다. 맥주 거품도, 감정의 파도도 기다리면 결국 다 사라진다.

'기억하자.
감정을 흘려보내야 비로소 관계가 남는다.'

Reflective Questions

1. 최근 내가 감정적으로 반응했던 상황은
   무엇이었는가?
2. 그때 90초를 멈췄다면 상황은 어떻게
   달라졌을까?
3. 감정이 내게 말해준 '진짜 욕구'는
   무엇이었는가?

04

무악추정의
원리

의도를 의심하는 사람들

"손은 눈보다 빠르다."

영화 〈타짜〉의 명대사다.

이를 갈등 상황에 비유하면 이렇게 말할 수 있다.

"갈등은 내 마음보다 빠르게 반응한다."

갈등 공부를 하기 전의 나는, 누군가가 불쑥 예민한
말투로 찌르면 나도 똑같이 날카롭게 반응해 버렸다.

정확히는 '나도 모르게' 그렇게 반응했다고 하는 게 맞겠다. 그 순간은 똑같이 되돌려 준 것 같아서 후련하다고 느끼지만 돌이켜보면 '욱했던' 그 순간이 가장 후회되었다. 그 말 한마디, 그 표정 하나에 뒤집어져 버린 내 감정이 너무 허무했다.

그런데 그나마 위안이 됐던 점은, 이 세상에 '예민보스'가 의외로 많다는 사실이었다.

얼마 전 언론사 중간관리자 교육을 진행하면서 그런 공감의 순간을 겪었다. 갈등 사례를 도출하고 발표하는 시간에 한 학습자가 망설이다가 입을 열었다.

"회의에서 제 의견을 말하고 있었는데요,
동료가 그걸 끊고 자기 얘기를 시작하더라고요.
순간 '나를 무시하는 건가?' 하는 생각이 들었어요."

이 말에 몇몇 학습자가 *"그럴 수 있지."* 하면서 공감했지만, 사실 가장 크게 고개를 끄덕이며 반가워한 건 나였다.

'나만 그렇게 느끼는 게 아니었구나.

다들 비슷하게 상처받고 있었구나.'

그 학습자는 이어서 말했다.

"그 동료가 평소보다 말투도 거칠었고,
제가 말하는 중간에 갑자기 끼어들었거든요.
며칠이 지나도록 자꾸 그 장면이 떠오르더라고요.
그 사람이 원래 그런 사람인지,
아니면 제가 예민한 건지 자꾸 헷갈렸어요."

갈등은 그렇게 시작된다. 감정은 즉시 반응하지만,
해석은 천천히 바뀐다. 내 머릿속에 남은 건, 그 학습자
의 마지막 말이었다.

"지금 생각해 보면, 그 사람이 일부러 그런 건
아니었던 것 같아요.
그냥 자기 말이 더 급했을지도 모르죠."

이 말을 듣고 또 한번 고개를 천천히 끄덕였다. 갈등

을 줄이는 첫걸음은, 의도를 악의적으로 단정하지 않는 것이다.

무악추정의 원리

갈등 상황에서는 감정이 자연스럽게 올라온다. 하지만 그 감정이 판단의 렌즈가 되면, 진실을 왜곡한다. 그래서 갈등을 진짜 해결하고 싶다면, 가장 먼저 해야 할 일은 감정을 '있는 그대로 인정'하면서도, 그 감정의 해석을 단정하지 않고 유보할 줄 아는 능력이다.

'지금 이 사람이 왜 이런 말을 했을까?'
'정말 나를 공격하려는 의도였을까?'

이런 질문을 던질 수 있을 때, 우리는 처음으로 감정의 소용돌이에서 빠져나올 수 있다.

이런 태도를 나는 '무악추정의 원리'라고 이름 붙였다. 상대방의 말이나 행동이 내게 불쾌하게 느껴졌을 때, 그것을 즉시 악의로 해석하지 않는 태도.

즉, '일부러 그런 건 아닐 거야'라고

의도를 유예하고 해석을 유보하는 자세다.

법학에서 말하는 '무죄추정의 원칙'처럼,

상대의 '의도'에도 '악'이 없다고 추정해 주는 것이다.

감정적으로 단정하지 않고 한번 더 '그 사람의 맥락'을 떠올려 볼 수 있다면, 갈등은 훨씬 부드럽게 풀어진다.

"악의로 인한 것으로 충분히 설명될 수 없는 일은,

어리석음(실수)으로 설명하라."

심리학과 인지과학의 사고 원칙이라고 구전되어 온 핸런의 면도날(Hanlon's razor).

핸런의 면도날은 만약 누군가의 말이나 행동이 나에게 불쾌감이나 손해를 주었을 때, 곧바로

'넌 나에게 모욕감을 줬어.'라고 단정하지 말고

'혹시 몰랐나? 실수였나? 착오였나?'라고

생각하는 태도를 말한다.

이렇듯 '무악추정의 원리'는
갈등 상황에서 중요한 역할을 한다.

• 첫 번째, 갈등을 완화시킨다.
  악의로 해석하면 즉시 방어 · 공격 모드로 들어가 갈등이
  커질 수 있다.

• 두 번째, 관계를 유지시킨다.
  신뢰가 무너지는 걸 방지해 준다.

• 세 번째, 현실적인 판단을 돕는다.
  실제로 많은 문제는 무능 · 부주의 · 정보 부족 때문이지,
  의도적 악의가 아니다.

"악의보다 무능으로 인한 일을 더 많이 보았다."

나폴레옹이 한 말이다.

실제로 내가 이전에 겪었던 대부분의 갈등은 '의도된

악의'가 아니라, 단순한 피로, 실수, 혹은 그 사람의 부족한 상황 인식에서 비롯된 것이었다. 이렇게 단정하는 것은 나 역시 누군가에게 나의 의도와 무관하게 불편함을 주었기 때문이다.

관계를 살리는 사고 습관

'무악추정의 원리'는 감정의 확대해석을 멈추게 하는 인지적 안전장치다. 영국의 심리학자 하워드 자일스(Howard Giles)의 '커뮤니케이션 적응 이론(Communication Accommodation Theory)'도 이러한 해석의 유보가 관계 유지에 얼마나 중요한지 강조한다.

사람들은 서로의 소통 방식에 맞춰가며 갈등을 줄이고 관계를 지속하려고 한다. 즉, 단정보다는 이해의 시도가, 즉각 반응보다는 유보의 시간이 관계를 지켜주는 것이다. '무악추정의 원리'는 현실에서도 충분히 실용적이다. 적어도 내 경험상은 그렇다.

우선 즉각 반응을 줄일 수 있다. 감정적으로 반응하려

는 찰나,

'그 사람이 정말 그런 의도였을까?'라는
생각이 브레이크를 걸어준다.

그리고 나 자신을 보호할 수 있다. 상대를 악의적으로 해석할수록, 오히려 내가 더 지치고 상처받기 때문이다. 정말 중요한 건 관계를 잃지 않도록 돕는다는 점이다. 관계는 '오해의 반복' 속에서도 포기하지 않는 의지로 유지된다. '무악추정'은 그 시작점이다.

갈등 상황에서 무악추정을 실천하고 싶다면, 다음과 같은 질문을 자신에게 던져보자.

'지금 내가 느끼는 건 사실인가, 해석인가?'
'상대가 일부러 그랬다고 확신할 수 있는가?'
'다른 이유가 있는 것은 아닐까?'
'이 감정이 나를 지켜주는가,
혹은 나를 갉아먹는가?'

이 질문들이 감정과 판단 사이에 '틈'을 만든다. 이 틈은 갈등 상황에서 조금 더 지혜로운 선택을 하도록 도와줄 것이다.

Reflective Questions

1. 내가 오해했던 사람의 의도를 다시 생각해 본 적이 있는가?
2. 누군가의 말이나 행동을 악의적으로 해석한 경험이 있는가?
3. 그 상황을 핸런의 면도날(Hanlon's razor)에 따라 해석했다면 무엇이 달라졌을까?

05

관계와 결과의
균형

당신이 옳다는 생각

콘텐츠 제작사 교육에서 있었던 일이다. 한 후배가
고객사에 보낼 제안서를 작성했는데, 단가 계산을 잘
못 기입했다. 아무 생각 없이 넘어갔다면, 회사 수익이
30% 이상 줄어들 뻔한 상황이었다. 다행히 선배 한 명
이 제안서를 직접 검토하던 중 그 오류를 발견했고, 큰
문제없이 정정해 제출할 수 있었다.

하지만 이후가 문제였다. 그 선배는 후배를 따로 불
러 강하게 질책했고, 이후 그 후배를 '실수가 잦고 신중
하지 못한 사람'으로 단정해 버렸다.

'앞으로 저 친구가 맡은 일은

반드시 내가 한 번 더 체크해야 해.'

그 선배는 그렇게 자신의 판단을 신념으로 믿고 있었다.

사실 그 입장이 이해가 안 되는 것도 아니다. 회사 입장에서 손해가 커질 수 있는 사고였고, 자연스럽게 후배에게 경각심을 주기 위해 엄한 피드백도 필요했다. 어쩌면 그 선배는 자신이 후배와 회사를 위기에서 구했다고 느낄 수도 있다. 그리고 자신이 앞으로 더 많은 일을 떠맡게 되었다는 생각에 억울함도 있었을지 모른다.

갈등의 중심엔 종종 이런 확신이 자리 잡고 있다.

'나는 정당하다.'

이 믿음은 우리로 하여금 상대방을 다그치게 만들고, 더 나은 결과, 달라진 행동을 요구하게 만든다.

"다음엔 제발 실수하지 마."

"항상 이렇게 늦네요."

"타인에게 업무 부담을 주는 건

직장 매너가 아닙니다."

이런 말로 어떤 결과를 만들어낼 수는 있다. 실수가 줄고, 속도가 붙고, 책임감이 생길지도 모른다. 하지만 그 과정에서 우리가 잃는 것이 있다.

바로, '관계'다.

두 가지 'ㄱ, ㄱ'의 균형

나는 종종 갈등 관리를 두 개의 'ㄱ'(ㄱ, ㄱ)으로 설명한다. 공교롭게도 알파벳으로는 두 개의 'R'(R, R)이다.

'결과(Result)와 관계(Relationship)'

갈등 상황에서 우리는 '결과'에만 집중하다가 '관계'

를 잃는다.

예를 들어, 자녀가 공부를 하지 않는다고 화를 낸 부모는 자녀의 스마트폰을 압수하고, 책상에 억지로 앉히는 결과를 만들어낸다. 하지만 그 과정에서 자녀는 서운함을 갖게 되고 서로의 관계는 무너지며 둘 사이는 조금씩 멀어진다. 친구 사이도 마찬가지다.

실수한 친구에게 책임을 묻고 다그치면 내가 원하는 '변화된 행동'을 얻을 수는 있다. 하지만 그 친구가 인간적으로 상처를 받았다면,

과연 얻은 것이 클까, 잃은 것이 클까?

관계란, 서로 실망할 수 있는 가능성을 받아들이면서도 계속 함께하고 싶은 마음에서 비롯된다.

간혹 강의장에서도 결과와 관계를 이야기하면 *"그럼 관계를 위해 결과를 포기하라는 건가요?"*라는 질문을 받을 때가 있다.

관계를 지키기 위해 중요한 결과를 포기하라는 말이

아니다. 관계와 결과는 제로섬이 아니기 때문이다. 하나를 취하면 하나를 잃는 싸움이 아니라, 시소와 같은 균형의 문제다. 무엇을 버릴 것인가가 아니라, 어디에 무게중심을 둘 것인가의 문제다.

관계는 사람의 '마음'을, 결과는 현실의 '방향'을 결정짓는다. 둘 중 하나에만 집중하면, 시소는 기울어진다. 결과를 보되 관계를 잃지 않고, 관계를 보되 결과를 놓치지 않는 균형감각. 이 균형감각이 갈등 관리의 핵심이다.

멀리서 보아야 멀리 볼 수 있다

만약 '관계와 결과' 둘 중 하나를 반드시 선택해야 한다면, 나는 '관계'에 더 무게를 둔다. 경험상, 관계를 먼저 지킨 갈등에서 결과가 따라온 경우가 많았기 때문이다.

2챕터에서 나는 대한민국의 '관계주의'가 갈등을 왜곡시켜 '직무 갈등'조차 '관계 갈등'으로 오인하게 만

든다고 말했다. 이번 글에서 말하는 '관계를 우선하라'
는 메시지는 그런 혼동과는 다른 맥락이다. '단기적 결
과'와 '장기적 관계' 사이의 균형을 잡아야 지속 가능
한 성과를 만들 수 있다는 뜻이다. 이 둘은 갈등의 본질
을 정확히 이해해야 한다는 공통점이 있다.

철학자 헤겔은 인간의 인식을

라는 흐름으로 설명했다.
즉자적 인식은, 주관적 시각,
즉 나 자신만이 옳다고 믿는 상태다.

'나는 옳고, 너는 틀렸다.'
갈등 상황에서
우리가 흔히 빠지는 태도다.

반면 대자적 인식은, '나' 역시 타인처럼 바라보는 태도다.

'이 두 사람은 어떤 이유로 갈등을 겪을까?'
'갈등을 일으킨 다른 요인은 없는 걸까?'
객관적 시각으로 갈등을 보는 것이다.

쉽게 메타인지(자신의 생각과 학습 과정을 스스로 인식하고 조절하는 능력)로 이해하면 된다. 이처럼 대자적 시각은 '나'를 '타자화'해서 객관적으로 보는 시야를 말한다. '무악추정의 원리'와 접목하면 훨씬 쉽게 실천할 수 있다.

즉자대자 인식은, 그렇게 분리되었던 '나'와 '타인', '주관'과 '객관'을 하나의 시야로 통합하여 전체 맥락 속에서 자신과 세계를 함께 이해하는 단계다. 갈등 상황에서 이 통합적 시각을 가질 때, 비로소 우리는 옳고 그름의 싸움을 넘어 관계의 본질을 볼 수 있다.

나는 지금까지 갈등을 겪을 때마다 결과를 고집하다가 관계를 망친 적도 있고, 관계에 끌려가다 결국 원하는 결과를 놓친 적도 있다. 갈등의 순간마다 눈앞의 결과만을 좇는 것은 모래 위에 성을 쌓는 것과 같다. 오래 버티지 못하고 무너진다. 지속 가능한 관계라는 튼튼한 기반 위에서만 결과라는 성을 쌓을 수 있다.

'갈등을 겪는 나,
지금 내가 지키고 싶은 건 무엇일까?'

Reflective Questions

1. 내가 하려는 말이나 행동이, 상대를 변화시킬 수 있을까? 아니면 상처만 남기게 될까?
2. 이 갈등 이후에도 나는 이 사람과 계속 좋은 관계를 맺고 싶은가?
3. 지금의 내 판단은 감정에 기반한 것인가, 객관적인 시각에 근거한 것인가?

06

'나'와 '너'에서
'우리'로 나아가기

모든 건 네 문제야!

가족과 자주 가는 파스타 가게에서 있었던 일이다. 아이들이 놀 수 있는 작은 놀이방이 있어서 편하게 식사할 수 있는 장소라 종종 찾는 곳이었다.

한여름의 더위 속에 방문한 그날, 정말이지 시원한 맥주 한 잔이 간절했다. 그렇게 주문을 하고 아이들과 놀다 왔는데 여전히 테이블이 휑했다. 몇 분을 더 기다렸지만 소식이 없었다.

'이 집이 원래 이렇게 늦었나? 오늘따라 이상하네~' 하던 찰나 우리보다 늦게 온 옆 테이블에 먼저 맥주가 서

빙되는 걸 본 순간, '이건 뭐야!' 하며 직원을 찾기 시작
했다.

툴툴거리며 키오스크 주문 내역을 확인해 봤는데,
이런...
맥주를 주문 목록에 넣어두기만 하고
주문 버튼을 누르지 않은 것이었다.

그 순간 부끄러우면서도 안도감이 들었다. 가게 직원
에게 괜한 불쾌감을 드러내지 않은 게 너무 다행스러웠
다. 이 작은 사건은 내게 중요한 교훈을 남겼다.

'갈등의 원인을 너무 쉽게
상대방에게서 찾는구나.'

이처럼 우리는 갈등 속에서 자신은 피해자이자 정당
한 입장이라 여기고, 상대방을 문제의 원인으로 몰고가
며 갈등을 왜곡된 방향으로 이끈다.
이런 기저에는 자기기여편향(Self-Serving Bias)이 작동

한다. 이는 갈등 상황에서 원인을 타인이나 환경 탓으로 돌리고, 자신의 책임은 축소하거나 부인하는 인지적 경향을 말한다.

예를 들어, 프로젝트가 실패했을 때
'나는 제대로 했지만,
상대 팀이 엉망이라 그렇다.'라거나,

회의에서 분위기가 나빠졌을 때
'나는 솔직하게 말했을 뿐인데,
저 사람이 예민해서 그렇다.'라고
해석하는 것이다.

이런 태도는 갈등을 관리와 통합의 방향이 아닌, 판결과 단죄, 그리고 불통의 종착지로 몰고가게 된다.

어느 공기업의 팀에 일은 느리고 눈치 없는 후배가 들어왔다. 선배는 답답했지만 3주간 지켜보다가, 더는 안 되겠다 싶어 후배를 불렀다. 그간의 잘못된 행동과 팀에 끼친 피해를 하나씩 지적했다. 말하다 보니 목소리도 커졌다. 그러자 후배가 말했다.

"왜 이제 말씀하시는 건가요?
일찍 말씀 주셨으면 바로 고쳤을 텐데요.
저는 제 일이 그렇게 잘못된 줄 몰랐어요."

선배는 속으로
'적반하장이네.' 하며 혀를 챘다.

하지만 그 선배는 모르고 있었다. 갈등의 발단이 즉시 피드백을 주지 않고 누적시킨, '나'일 수도 있다는 걸.

너와 내가 아니라 우리

기본적 귀인 오류(Fundamental Attribution Error) 이론은 상대방의 행동을 그 사람의 성격 · 태도 · 의도 때문이라고 단정하고, 상대방의 상황 요인은 간과하는 것을 말한다. 가령 상대방이 늦으면 '게으르다.'라고 판단하고 교통 체증, 개인 사정 같은 상황 요인은 무시하는 것이다.

여기엔 행위자 – 관찰자 편향(Actor – Observer Bias)도 작동한다. 내가 한 행동은 상황 탓으로 설명하면서, 상대가 한 행동은 성격 탓으로 해석하는 경향이다. 정치권에서 흔히 비유하는 '내로남불'과 같은 의미다.

예를 들어, 내가 회의에 늦으면
*"길이 막혔어."*라고 말하지만,

다른 사람이 늦으면 '시간 개념이 없어.'라고
생각하는 것이다.

갈등을 누가 잘했고 잘못했는가의 잣대로 구분하면 '해결이 필요한 문제'로 인식하는 오류를 범하게 된다.
갈등을 '해결해야 할 문제'로 보면, 결과에 집착하게 되어 권위와 권력이 작용하거나 극단적인 회피로 흐를 수 있다. 갈등은 해결해야 할 문제가 아닌, 건강하게 관

리해야 할 관계의 일부다. 양자가 좋은 관계를 이루고
더 나은 결과를 만들기 위해서는, 갈등의 진짜 원인을
함께 찾는 것이 중요하다.

우선, 갈등 상황마다 원인은 타인이나 환경 탓으로
돌리고, 자신에게는 면죄부를 주는 '자기기여편향'부
터 줄여보자.

- 첫 번째, 사실 검증 먼저 하기
  판단 전, 상황을 객관적으로 재구성하고
  제삼자 시선으로 바라본다.

- 두 번째, 책임 비율 점검하기
  갈등의 원인 중 내 몫이 몇 %인지 객관적으로
  산정한다.

- 세 번째, 즉시 피드백하기
  불만을 쌓아두지 말고, 가능한 한 빠른 시점에
  건설적으로 전달한다.

- 네 번째, 관점 전환하기
  '내가 그 사람이라면'이라는 가정으로 감정과
  행동의 이유를 추측해 본다.

• 다섯 번째, 결과보다 관계 우선하기

옳고 그름보다 관계 회복을 우선시하는
기준을 세운다.

이렇게 조금 멀리 떨어져서 보면 갈등은 '나 vs. 너'가
아닌, '우리'와 '우리의 맥락' 속에서 원인을 찾을 수 있
다. 그리고 종종, 그 갈등의 출발점이 '나'일 수 있다는
것도 깨닫게 된다. 갈등의 시작점이 나에게 있을 가능성
을 인정하지 않는다면, 갈등은 해결이 아니라 정당화와
고착의 길로 빠져든다.

이제는 갈등 앞에서 나와 너를 구분해서 맞서기보다
'우리'라는 통합의 시선으로 같은 곳을 바라보자.

갈등은 퍼즐 조각과 같다. 서로 모양과 크기가 달라
처음에는 덜그럭거리지만, 방향을 맞춰나가다 보면 결
국 '하나의 그림'을 완성할 수 있다.

Reflective Questions

1. 최근 경험한 갈등에서, 나는 내 책임을
   얼마나 인식했는가?
2. 갈등의 출발점이 '상대방'이라고 단정한
   근거는 충분한가?
3. 갈등의 원인을 나 자신과 환경까지 포함해
   본 적이 있는가?

04
챕터

–

욕구

맥락과 심연
들여다보기

나무의 본질은
가지가 아니라 뿌리에 있다.
갈등의 본질도 겉모습이 아니라
그 안에 숨은 욕구에 있다.

01

'현상'보다
'맥락'

진실을 보는 갈등의 렌즈

갈등은 마치 카메라 렌즈와 같다. 렌즈 상태에 따라 피사체가 왜곡되기도 하고, 초점이 흐려질 수도 있다. 그래서 담고 싶은 장면이 뿌옇게 보이면 렌즈를 닦고, 각도와 초점을 조절한다. 때로는 아예 다른 렌즈로 바꾸기도 한다. 이렇게 렌즈가 달라지면 전혀 다른 장면이 담기는 게 사진이다. 갈등도 그렇다. 관점과 해석이라는 렌즈를 바꾸면 전혀 다른 진실이 보인다.

'진실은 언제나 렌즈 너머에 있다.'

갈등의 진실을 제대로 보려면, 유연한 관점이라는 렌즈를 들어야 한다. 렌즈는 내가 미처 보지 못했던 진실에 다가가게 해주는 통로다.

말투 하나, 표정 하나에 마음이 흔들리고, 오해가 상처가 되고, 상처가 벽이 되기도 한다. 그런데 그 순간을 불편한 사건으로만 넘긴다면 본질을 놓치게 된다. 갈등의 본질은 표면에 드러난 언행이 아니라, 그 안에 숨겨진 욕구에 있다. 그래서 나는 갈등을 외면하지 않고 바라보려 한다. 그래야 그 사람의 진심과 관계의 민낯이 보이기 때문이다.

조금 다른 예지만, 표면에 드러난 이유와 그 이면의 맥락이 얼마나 다를 수 있는지를 보여주는 사례가 있다.

한국 도서관이나 카페에서는 노트북이나 스마트폰을 두고 자리를 비워도 잘 도난당하지 않는다. 우리나라 시민 의식 때문이라는 해석도 일리가 있지만 1,000

명당 24.28대 수준으로 곳곳에 설치된 CCTV의 숫자를 무시할 순 없다.

그럼 일본 도심에 쓰레기가 없는 이유는 무엇일까?

*"일본인은 정말 질서 정연하고 깨끗한 민족이야."*라고 이해하면 될까?

실제 그렇더라도 무단 투기 시 20,000엔에서 최대 50,000엔까지 부과되는 벌금의 공포를 간과할 수 있을까?

우리의 눈과 귀로 보고 듣는 것 모두가 100% 진실은 아니다. 그저 내가 장착한 렌즈를 통해 유입된 정보일 뿐이다. 우리는 렌즈 너머의 진실을 탐구하려 노력해야 한다.

사람이 아니라 상황이다

"쟤, 요즘 좀 크더니 버릇이 없어졌어."

"사람 변했더라. 옛날엔 안 그랬는데."

우리는 종종 이런 말을 듣는다. 아니, 우리가 이런 말을 할 때도 있다. 정말 그럴까? 사람이 그렇게 쉽게 변할까? 아니면 혹시 사람의 '상황'이 바뀐 것은 아닐까?

'사람이 아니라 상황이 바뀐 것이다.'

신입 사원이었던 그가 어느덧 과장이 되었다. 같은 사람인데 직급이 달라졌을 뿐이다.

그런데 우리는 그를 향해
"과장이 되더니 변했네.",
*"요즘 좀 달라졌더라."*라고
말한다.

그럴 수도 있다. 하지만 대부분은 '사람이 바뀐 게 아니라 상황이 달라진 것'이다. 신입 사원과 과장은 애초에 상황이 다르다. 권한도, 책임도, 기대도 달라진다. 그 사람의 태도나 말투, 결정 방식이 바뀌는 건 자연스러운 일로 과장이 되면 당연히 변화된 행동을 취해야 마땅하다.

드러난 언행보다 숨겨진 욕구가 중요하다

관계에서 중요한 건 드러난 언행보다 그 안에 숨은 욕구다.

회의에 들어온 한 직원이 소극적으로 참여하고 있다. '저 사람은 비협조적이야.'라고 쉽게 단정하면 곤란하다. 과거에 자신의 의견을 말했다가 무시당한 기억이 있어서 조심스러워하는 것일 수도 있기 때문이다.

갈등을 마주하고 혼란스러울 때는
'그 사람이 왜 그 행동을 했을까?'라고
질문을 던져야 한다.

그 사람이 지금 느끼는 감정, 그 감정 밑에 있는

미충족된 욕구(needs)를 봐야 한다.

'그 프로젝트, 저는 하고 싶지 않습니다.'라고
말하는 직원이 있다.

처음엔 반항적으로 들렸지만, 대화를 이어가니
"이전에 비슷한 프로젝트에서 실수한 적이 있어
같은 실수를 반복하고 싶지 않아서 그렇습니다."라고
털어놓았다.

드러난 언행은 '거부'였지만, 속마음은 '불안'이었다.
진짜 이유를 보지 못하고 표면만 보면 갈등은 더 깊어
진다. 상대방과 상대방의 상황을 함께 보고, 욕구를 읽
어내는 연습을 해야 한다. 그래야 진짜 소통이 가능해
진다.

이번 챕터에서는 갈등 상황의 맥락을 종합적으로 관
찰하고 해석하는 방법과 욕구 파악에 대한 이야기를 나
눠보려 한다. 특히 타인과의 갈등을 관리하기 위해서

사람과 상황을 이해하고 수용하는 법, 상대방의 욕구를 파악하고 공유하여 진짜 소통을 하기 위한 기반을 닦는 법에 대해 자세히 알아보자.

Reflective Questions

1. 최근에 겉으로 드러난 행동만 보고 상대를
   판단한 적이 있는가?
2. 그때, 그 사람의 숨겨진 욕구나 상황을 파악하려고
   시도했는가?
3. 갈등 상황에서, 나는 어떤 방식으로 렌즈를
   조정할 수 있을까?

02

당신은 어느 별에서
왔습니까?

여행지에서 생긴 일

나는 낯선 곳으로 여행 가는 걸 즐긴다.

특히 해외여행에서 경험하는 문화 차이는 나에게 남
다른 인사이트를 준다. 처음 일본을 여행했을 때의 일
이다. 친구와 둘이 소고기를 먹으러 갔는데, 우리나라
처럼 화로를 가운데 두고 고기를 굽는 방식이 아니었
다. 화로도, 고기도, 심지어 반찬까지 각자 개인 쟁반에
나눠져 서빙됐다.

나중에 알게 된 사실이지만, 이는 일본의 오래된 '1
인분 문화'였다. 개인이 먹는 것은 개인이 책임진다는
관습이다.

그런데 반찬이 떨어져 손을 들어 요청하니, 메뉴판을 가져다주는 것이 아닌가. 알고 보니 새로 주문하는 반찬은 추가 비용을 내야 했다.

그 자리에서 검색해 보니, 일본의 식문화는 '각 요리의 완성도'에 집중하며 반찬은 필수가 아니라 선택이라는 것이다. '원래 그런 곳'이라는 걸 알게 되니, 더 이상 억울하거나 따질 이유가 사라졌다.

미국에도 우리나라와 다른 식문화가 있다. 바로 팁문화다. 아무리 주문을 정확히 하고, 영어를 잘 구사해도 팁을 인색하게 주면 서비스 과정에서 미묘한 불편이 생긴다. 반대로 팁이 충분하면, 영어를 못해도 소통이 잘된다. 새로운 문화를 '그저 다를 뿐'이라고 받아들이면 마음이 훨씬 가벼워진다. 이렇듯 이질적인 문화는 어색하더라도 학습하면 수용이 빠르다.

이런 태도는 해외여행에만 필요한 것이 아니다. 같은 나라 안에서도 지역 간 문화는 다 다르다.

식문화도 지역마다 다르다. 예를들어, 서울이나 경

기도에서는 순대를 주로 소금에 찍어 먹지만 전라도에서는 초장에 찍어 먹고 경상도에서는 쌈장에 찍어 먹는 게 일반적이다. 충청도에서는 고기를 먹을 때 마늘장아찌를 곁들이는 집이 많다.

재미있는 건 타국의 요상한 식문화는 "*원래 그런 거래.*"라며 흥미롭게 받아들이지만 고작 순대 하나를 두고는

"*어휴~ 쌈장에 찍어 먹으면 안 짜요?*
고기도 아닌데 쌈장이라니."라거나
"*서울 사람들은 소금이 더 짜다는 걸 몰라요?*" 하며
날을 세운다.

전혀 다른 나라 사람들의 문화는 이해하려 애쓰면서, 정작 같은 조직, 같은 언어, 같은 환경 속의 사람들의 문화는 냉정하게 대하는 건 정말이지 아이러니다.

모두가 '나만의 문화'를 가진 여행자다

다른 문화를 가진 타국의 문화는 쉽게 받아들이고 이해하면서 가까이에 있는 공동체 구성원에게는 절대적인 기준을 내미는 현상. 인지심리학에서는 이를 '유사성 편향(Similarity Bias)' 또는 '기대위반 편향'(Expectation Violation Bias)이라고 부른다. 비슷하다고 생각했던 사람이 다르게 행동하면, 실망과 분노가 더 쉽게 솟아오른다는 것이다. 그래서 오히려 갈등은 '이질적인 집단'보다 '동질적인 집단'에서 더 자주 발생한다.

결국 갈등의 뿌리는
'너와 나의 세계가 다르다'는
당연한 사실을 인정하지 않는 데 있다.

〈카오스 워킹〉은 제2의 지구를 찾아 현재 지구를 떠나간 이민자들의 에피소드를 다룬 영화다. 주인공 토드(톰 홀랜드)는 원주민 외계 생명체 '스파클'과 마주하자 경계심에 가득 차서 말한다.

"조심해야 해. 그들은 외계인이야."

그러자 바이올라(데이지 리들리)가 담담히 답한다.

"그런데 저들에겐 우리가 외계인 아냐?"

우리는 자신만의 세계에 머물며 나와 다른 타인을 '외계인'처럼 대한다. 나 역시 누군가에게는 외계인일 수 있다는 점을 망각하는 것이다.

공존은 같은 존재들끼리만의 특권이 아니다. 완전히 다른 세계에 속한 존재들이 함께 살아가는 것, 그 자체가 공존이며, 우리가 갈등을 마주할 때 반드시 가져야 할 태도다.

이처럼 우리는 서로 다른 문화를 마주할 때, 무의식적으로 '나' 중심의 세계관을 기준으로 삼아 타인을 판단한다. 하지만 그 기준을 잠시 내려놓고, 상대의 입장에서 세상을 들여다보려는 연습이 필요하다. 말로는 쉬워 보여도, 실제로는 훈련이 매우 필요한 일이다.

우리는 모두 각자의 세계관을 가지고 살아간다. 누구나 개인의 경험과 지식을 배경으로 자신만의 가치관을 형성한다. 우리는 '나만의 문화'를 가진 여행자다.

여행 준비는 철저히

우리는 짧게는 3박 4일, 길어야 1~2주의 해외여행을 준비할 때도 수개월에 걸쳐 정보를 찾고, 동선을 계획하며, 국가별 문화와 날씨에 대해 철저히 준비한다. 여행지의 식사 문화, 물가, 환율, 심지어 전기 콘센트 모양까지 미리 체크한다. 겨우 며칠 머무는 외국이지만 불편하지 않기 위해 그렇게 애를 쓴다.

하지만 정작 수년을 함께 살아갈 조직, 가정을 이루는 배우자, 매일 마주치는 직장 동료들에 대해선 어떨까? 결혼 전에는 결혼식 장소와 드레스, 하객 명단에 시간과 비용을 아낌없이 쓰지만, 결혼 후 배우자의 성향과 가족 문화를 이해하려는 '현장 학습'에는 놀라울 정도로 무관심하다. 직장에 입사하기 위해 수백 개의 이

력서를 쓰고 면접을 준비하지만, 막상 입사 후 다양한 부서, 다양한 성향의 사람들과 함께 일하며 생기는 갈등에는 아무런 대책도 세우지 않는다.

이건 마치 여행 일정은 완벽히 세워놓고, 정작 호텔 예약은 하지 않은 관광객과 같다. 시간 내어 찾아간 맛집이지만, 휴무일인 건 확인을 안 하고선 "왜 안 열었냐."라며 투덜거리는 모습과도 비슷하다.

갈등은 '실전형 관계 여행'이다. 잘 싸우고 잘 풀기 위해선 단지 마음만 먹는 게 아니라, 상대에 대한 이해와 예측, 그리고 유연한 대응력을 기르는 연습이 필요하다.

우리는 누군가의 세계에 입국한 여행자다. 여행자라면 그 땅의 언어를 배우고, 식문화를 존중하며, 그들의 풍경을 이해하려는 노력이 필요하다. 그 태도를 잃는 순간, 갈등은 피할 수 없는 충돌로 이어진다. 그 전에 서로에게 꼭 물어야 할 질문이 있다.

"당신은 어느 별에서 왔나요?"

Reflective Questions

1. 갈등 상황에서 '상대의 세계'로 들어가지 않고
   내 세계로만 끌어들이려 한 적이 있는가?

2. 나와 비슷하다고 생각했던 사람이 다르게 행동했을 때,
   큰 실망을 했던 적이 있는가?

3. 오늘 하루, 나는 누군가의 세계를 배우려는
   여행자의 태도를 가졌는가?

03

탁월한 여행자의
현지화 감각

바다를 탐험하는 마음으로

우리에게 익숙한 바다. 그래서 우리는 어느 정도 바다에 대해 잘 알고 있다고 생각한다. 하지만 그 안에는 우리가 잘 모르는 수천 종의 어류와 산호, 미지의 심해가 존재한다. 그 속은 예상하기 힘들다. 어떤 바다는 따뜻하고 얕아 쉽게 들어갈 수 있지만, 어떤 바다는 차갑고 깊어서 들어갈수록 낯선 존재들을 만나게 된다.

사람의 문화, 그리고 그로 인한 갈등도 그렇다. 겉으로 보기엔 익숙하지만, 막상 가까이 다가가면 낯설고, 그래서 쉽게 오해하게 된다. 바다의 넓은 수면을 모두

봤다고 전부 이해한 것은 아니다.

'깊게'도 봐야 한다.

갈등을 이해하는 것은 바다를 이해하는 것과 비슷하다. 상대의 문화를 알고, 그 기준을 이해하지 않은 채 겉으로 드러난 언행만 보고 판단하면, 갈등은 금세 깊어진다. 이때 필요한 것이 바로 '현지화'의 감각이다.

가족들과 코타키나발루로 여행을 갔던 적이 있다.

한국 음식이 너무 그리웠던 때, 마침 현지인이 운영하는 유명한 한식당이 있다고 해서 찾아갔다. '인기 메뉴'라고 쓰여있는 김치찌개를 주문했는데, 첫 숟가락을 뜨자마자 실망이 밀려왔다.

'이게 찌개야? 왜 이리 달아?'

속으로 투덜대며 반 이상을 남기고 나왔다.

며칠 후 귀국해서 아이들의 성화에 동네 파스타 전문

점에 갔다. 카르보나라 파스타 소스까지 남김없이 먹는 아이들을 보며 흐뭇해했다.

그런데 그 순간, 문득

'이게 진짜 이탈리아 맛일까?' 하는 의문이 들었다. 예전에 예능 프로그램에서 본 장면이 떠올랐기 때문이다.

이탈리아 축구 대표팀이 한국의 고급 이탈리안 레스토랑에서 식사하며

"이건 원래 이런 재료가 들어가나요?"

"오일은 어떤 걸 쓰셨나요?" 하고

꼼꼼하게 물으며

"이탈리아 음식 맛과 거의 비슷하네요."라고

셰프에게 말하는 장면이었다.

예약이 많아서 쉽게 방문하기 어려울 정도의 맛집인데도, 그들이 느끼기엔 자국의 정통성과 거리가 있었던 것이다. 나는 다시 코타키나발루에서 김치찌개를 먹었을 때를 떠올렸다.

'그래. 당신들도 당신들의 입맛에 맞는 요리가 필요했겠지. 오해해서 미안해요.'

현지화는 필수다

각 나라는 타국의 문화를 수입할 때, 자기 나라의 상황과 입맛에 맞게 '현지화'를 한다. 그 과정에서 본래의 형태를 변형하거나, 아예 새로운 것을 창조하기도 한다. 피자에 고구마를 토핑한 '한국형 피자'가 그 예다. 이탈리아 사람이 보면 '음식 파괴'로 느껴질 수 있지만, 한국 사람들은 오히려 색다른 맛으로 받아들인다.

같은 음식이 나라마다 전혀 다른 해석과 형태로 존재할 수 있듯, 사람도 그렇다. 우리가 상대를 '도저히 이해 안 되는 사람'으로 단정하지 말아야 하는 이유다. 같은 사안을 두고도 각자의 세계에서 새롭게 해석하고 창조할 수 있다는 점을 잊지 말아야 한다.

각자의 문화에 고착되고 매몰되면 쉽게 타인의 문화

를 경시하고, 갈등의 씨앗을 만든다. 국가 간의 차이에 한정해서 말하는 게 아니다. 다른 회사, 다른 부서, 다른 세대 사이에서도 '문화적 차이'는 분명히 존재하기에 갈등을 피하려면 먼저 상대의 문화에 대한 존중, 그리고 그 문화를 이해하려는 '현지화'의 태도가 필요하다. '현지화'는 곧 상대방의 '욕구'를 이해하려는 시도다.

강의 중에 만났던 한 신입 사원이 떠오른다. 그는 회의 도중 상사가 자기 아이디어를 무시했다고 느껴 얼굴이 붉어졌고, 그 후로 회의 내내 말을 하지 않았다.

이후 상사는
*"왜 이렇게 감정 기복이 심하냐."*라며
그를 멀리했다.

알고 보니, 그 신입 사원의 욕구는 '존중'이었고, 상사의 우선순위는 '속도'와 '효율'이었다. 욕구를 읽지 못한 대화는 결국 상처와 오해만을 남겼다.

갈등 상황에서는 상대의 마음을 여행하듯 살펴보려

고 노력해야 한다. 그가 살아온 환경, 익숙한 표현 방식, 중요하게 여기는 가치를 하나씩 살피는 것이다. 감정을 읽는 것이 아니라, 그 감정 뒤에 있는 '욕구의 역사'를 탐험하는 것이다. 물론 쉽지 않은 일이다.

오래된 도시의 골목을 걸으며 그곳의 문화를 배우듯, 상대의 말에 귀 기울이고 반응의 이면을 해석하면, 그 마음속으로 들어갈 수 있다. 갈등은 표면을 보고 판단하면 오판을 낳는다.

학창 시절에 선생님이 자주 했던 말이 있다.

"이해 안 되면 그냥 외워!"

서로 다른 문화를 이해하기 어렵다면, 암기 과목 이론을 외우듯 있는 그대로 받아들이려는 노력이라도 해야 한다. 욕구는 깊다. 그리고 그 욕구를 들여다볼 줄 아는 사람만이 갈등을 단절이 아닌 연결의 기회로 바꿀 수 있다.

욕구를 파악한다는 건 한 사람이 가진 바다의 '심해'를 탐험하는 일이란 걸 기억하자.

Reflective Questions

1. 최근 상대방의 '문화적 배경'이나 '해석의 틀'을 충분히 이해하지 못한 채 판단했던 경우가 있는가?
2. 타인의 행동이나 말이 '도저히 이해되지 않는다'고 느낀 순간이 있는가?
3. 갈등 상황에서 상대방의 '세계'나 '경험'을 탐험해 보려는 시도를 해본 적이 있는가?

04

그 속에
욕구가 있다

기대와 욕구에 집중하기

소소한 갈등 사례 하나를 소개한다. 교육 현장에서 들은 이야기인데, 나는 '이렇게도 갈등이 만들어지는구나.' 하고 배웠다.

어느 직장에서 한 직원이 동료에게 커피를 사주었는데, 커피를 받은 동료의 표정이 미묘하게 굳었다. 커피를 건넨 직원은 속으로 이렇게 생각했다.

'내가 커피까지 사줬는데 왜 고마워하지 않지?'
나중에 알고 보니, 예전에 그 동료는 종종 프랜차이

즈 커피를 사주었는데 정작 자신은 저가 커피를 받아 서운했던 것이다.

이 작은 사건은 서로의 '기대'가 충족되지 않아 생긴 오해였다. 기대가 어긋나면, 그 안에 있는 더 근본적인 '욕구' 역시 채워지지 않는다. 그리고 갈등은 이렇게 사소한 순간에도 조용히 시작된다.

위 사례를 대표적인 욕구 이론으로 이해해 보자. 심리학자 아브라함 매슬로우는 인간의 욕구를 5단계에서 확장해 8가지 단계로 설명했다.

그는 기본적인 '생리적 욕구'에서 출발해, '안전', '사회적 관계', '존경', '자기실현 욕구'를 제시했고, 여기에 지식 추구의 '인지 욕구', 아름다움과 조화를 추구하는 '심미적 욕구', 그리고 타인의 성장과 공동체를 위한 '초월 욕구'를 더했다.

이 틀에 비추어 보면, 커피를 건넨 직원은 '친밀감'이라는 '사회적 관계' 욕구를 표현한 것이었지만, 받은 동료는 오히려 '사회적 관계' 욕구와 '존경' 욕구가 미충족되었다. 욕구의 종류와 우선순위가 다르면, 같은 행동도 전혀 다른 의미로 해석된다.

교육 현장에서 접한 또 다른 사례가 있다.

한 팀원이 다른 부서 직원과 회의 중 목소리를 높이며 언쟁을 벌였다.

그는

"그 사람, 내 말을 끝까지 안 들어주더라."라며

불만을 토로했다.

그에게 물었다.

"선생님이 원한 건 본인의 의견이 옳다고

인정받는 거였을까요,

아니면 끝까지 들어주는 거였나요?"

그는 잠시 고민하다,

"끝까지 들어주는 거요. 존중받고 싶었어요."라고 답했다.

그리고 이어진 팀 토의에서 그는, 본인의 존중받고 싶은 욕구처럼 상대방에게는 효율을 중시하는 욕구가 있다는 것을 조금은 이해하게 되었다고 했다.

마음의 바다 아래, 진심이 흐른다

욕구는 갈등의 원인이자 해결의 실마리다. 표면에 드러난 말과 행동만 보며 감정의 골을 키우기보다, 그 뒤에 숨은 욕구를 찾아야 한다.

전설적인 협상가 윌리엄 유리(William Ury)는 "사람들은 입장으로 말하지만, 그 이면에는 언제나 욕구가 있다.라고 했다. "예산을 줄이자."라고 주장하는 이면에는, '내 프로젝트를 지키고 싶다'는 욕구가 있을 수 있다는 뜻이다.

바다가 아무리 잔잔해 보여도, 그 속에는 조류와 해류가 흐르듯, 표면에 드러난 대화만으로는 갈등의 본질을 알 수 없다. 상대방이 잔잔한 바다처럼 반응하더라도, 그 심해를 탐험하기 전까지는 속뜻을 온전히 이해할 수 없다.

갈등에서 욕구를 읽는다는 것은 그 심해로 잠수해 들어가 '왜 그 사람이 그렇게 반응했는지'를 찾는 과정이다. 그것은 단순히 오해를 풀기 위한 기술이 아니라, 관계를 잇는 다리를 놓는 작업이다. '왜 저렇게 말했을까?' 보다 '그 말 뒤에 어떤 욕구가 있었을까?'를 묻는 순간, 연결의 기회를 만들 수 있다.

Reflective Questions

1. 나는 최근에 겪은 갈등에서 상대의 욕구를
   얼마나 읽으려 했는가?
2. 나와 상대가 중요하게 생각한 욕구의
   우선순위는 무엇이었을까?
3. 욕구를 알았다면, 같은 상황에서 내가 할 수 있었던
   다른 선택은 무엇이었을까?

05

감정, 상황, 내용으로
욕구 읽기

떡볶이 앞에서 꽃피운 대화

최애 음식 중 하나가 떡볶이다. 그리고 식단 조절을
강조하는 내 트레이너가 가장 싫어하는 음식도 떡볶이
다. 그래도 나는 소신을 굽히지 않고 종종 떡볶이를 먹
는다.

어느 날, 강사 모임에서 처음 만난 멤버들과 스터디
를 마치고 떡볶이 전문점에 갔다. 메뉴판을 살피던 중
그날 처음 명함을 교환한 강사가 마라 떡볶이를 먹자고
제안했다. 떡볶이를 무척 사랑하지만 나는 마라 떡볶이
만큼은 받아들이기 어려웠다. 마라 특유의 향이 꽤 불

편했기 때문이다.

하지만 나는 호불호의 즉답 대신 이렇게 말했다.
"아, 마라 좋아하시나 봐요."

그러자 그는
"너무 맛있지 않아요?" 라고 되물었고,

나는
"네, 많이들 먹더라고요. 대세이긴 한가 봐요." 라고
웃으며 대답했다.

그리고 그 순간 서로의 마음을 읽었다. 나는 그가 좋아하는 메뉴를 싫어한다는 표현을 자제하여 존중했고, 그는 내가 마라 떡볶이를 좋아하지 않는다는 것을 알아채고 대화의 방향을 바꿨다. 그리고 나는 그가 최종 메뉴를 편하게 고를 수 있도록 선택권을 다시 넘겨주었다.

그는

"근데 호불호가 있는 음식이라,

오늘은 그냥 보통맛으로 하죠."라며

한발 물러나 주었다.

짧은 대화였지만, 단순히 음식 취향을 주고받은 것이
아니라, 서로의 욕구를 알아채고 존중한 순간이었다.
이 안에는 소속 욕구, 존중 욕구, 연결 욕구가 자연스럽
게 녹아있었다.

역시 떡볶이를 좋아하는 사람치고 나쁜 사람이 없다
는 말은 사실이었다.

말은 단서, 욕구는 본질

우리가 갈등 상황에서 흔히 하는 실수는 말의 표면만
보고 감정을 확대시키는 것이다.

하지만 말은 단서일 뿐이고, 그 말 너머의 욕구를 파
악하려면 세 가지 요소가 필요하다.

'감정, 상황, 내용'

'감정, 상황, 내용' 프레임을 사용하면 다음과 같이 접근할 수 있다.

감정	**지금 어떤 감정이 느껴졌을까?** → 감정은 충족/불충족된 욕구의 신호
상황	**이 대화가 어떤 맥락에서 나왔는가?** → 상황은 욕구의 방향성과 강도 결정
내용	**실제 말의 키워드와 뉘앙스는 무엇인가?** → 말은 욕구의 간접 표현일 수 있음

마라 떡볶이 대화를 '감정, 상황, 내용'의 3요소로 분석해 보면 다음과 같다.

감정	나는 조심스러운 마음, 상대는 배려하려는 마음

상황	처음 만난 사람들과 식사 메뉴를 정하는 자리
내용	떡볶이를 좋아하는 두 명이 마라 떡볶이 메뉴를 두고 대화 중. 초면인 서로에게 실례되는 행동을 안 하려고 조심하고 있음. *"마라 좋아하시나 봐요."* *"근데 호불호가 있는 음식이라,* *오늘은 그냥 보통맛으로 하죠."*

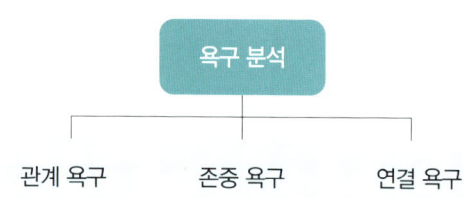

다른 상황으로 얘기해 보자.

팀장 *"요즘 보고서가 좀 성의 없어 보여요."*

사원 *"네… 요즘 일이 좀 많아서요."*

감정	팀장은 실망/사원은 방어적, 불안
상황	팀장은 성과 리뷰 전 주, 사원은 야근이 지속되는 일상
내용	팀장의 업무 압박과 사원의 책임 회피

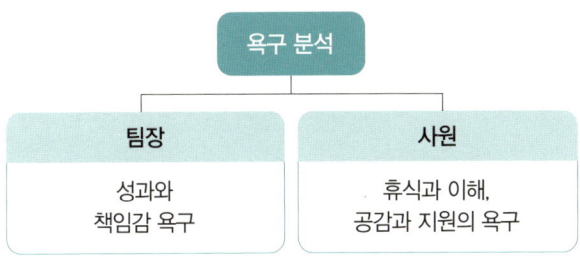

비폭력대화(NVC: Nonviolent Communication)의 창시자인 마샬 로젠버그(Marshall B. Rosenberg)는 이렇게 말한다.

"감정은 충족되거나
충족되지 않은 욕구에 대한 신호다."

감정은 욕구를 알려주는 경보 장치이며, 상황은 욕구의 배경이고, 내용은 그 욕구의 표현이다.

말은 욕구의 포장지일 뿐이다. 진짜 의미는 말 안에 담긴 감정의 온도, 상황의 맥락, 내용의 흐름을 함께 읽을 때 드러난다. 갈등을 이해하고 싶다면, 상대의 말을 귀로 듣고, 눈으로 관찰하고, 마음으로 추론해야 한다. 그럴 때 우리는 말의 전쟁이 아닌, 욕구의 대화를 시작할 수 있다.

Reflective Questions

1. 내가 최근에 들었던 말 중, 표면적 말과 속마음이 달랐던 경험은 무엇인가?
2. 갈등 상황에서 상대의 말 뒤에 숨은 감정·상황·내용을 읽어본 적이 있는가?
3. 나는 평소 어떤 요소(감정·상황·내용)를 가장 쉽게 놓치는가?

06

욕구의 마중물이
되는 대화

먼저 말해야 그도 말한다

예전에 함께 일하던 직원과 있었던 일이다. 입사하고 한 달쯤 되었을까, 그의 일하는 방식이 자꾸 눈에 밟혔다. 정해진 업무는 곧잘 했지만, 연계되는 일은 지시가 없으면 보류하는 스타일이었다.

예를 들어, 회사로 강사 섭외 문의가 오면 내용을 잘 정리해 보고는 했지만, 고객사에 확인해야 할 교육 니즈나 세부 사항은 파악하지 않고

"어떻게 회신할까요?"라고 묻는 식이었다.

몇 차례 업무 방식에 대한 피드백을 주었는데도 개선

이 되지 않다 보니, '왜 이러지?' 하는 혼란과 함께 그의 태도에 대해, 부정적인 감정이 서서히 올라왔다.

그러다 문득 약 20년 전, 평생교육원에서 교육 프로그램을 개설하고 운영하던 시절의 내 모습이 떠올랐다.

'그래, 나는 언제 이 일이 익숙해졌지?'

욱하고 올라왔던 감정을 잠시 누르고 결론을 내렸다.

'아~ 아직은 평가받을 때가 아니라 배울 시기구나.'

그렇게 마음을 정리하고 직원과 면담을 했다.

"일한 지 한 달 정도 됐는데 어때요?
어렵거나 손에 잘 안 잡히는 일이 있으면
얘기해 주세요."

아니나 다를까, 그도 뭔가 참아왔던 것처럼
속내를 털어놓기 시작했다.

"사실 이 일이 처음인데,

제 입장에서는 조금 복잡하다고

느꼈습니다. 어렵다기보다 뭐랄까…"

그렇게 시작된 대화는 어떤 업무가 어렵고, 어떤 방식으로 진행하면 좋을지에 대한 이야기로 발전했다. 우리는 서로에게 도움이 되는 생산적인 소통을 나눴고, 나는 큰 안도감을 느꼈다. 만약 내가 지켜보기만 하며 평가했다면 어땠을까?

아마 참다 참다

"그동안 쭉 지켜봤는데,

업무의 책임감이 조금 아쉽네요."라고

말했을지도 모른다.

그러면 그는 당황하며

"지금까지 아무 말씀 없으셨는데…" 하고

방어했을 것이고, 감정의 골에 빠져

헤어나오기 어렵지 않았을까?

갈등 관리는 밀당이 아니다

자기 생각과 감정을 솔직하게 표현하면, 대화는 비난이 아닌 이해로 나아간다. 심리학에서는 이를 '자기노출(Self-disclosure)'이라고 부른다. 자기노출은 자신의 감정, 생각, 경험을 솔직하게 표현하는 것으로, 관계의 깊이를 결정짓는 핵심 요소다. 심리학자 시드니 주라드(Sidney Jourard)는 자기노출이 인간관계를 형성하고 유지하는 데 핵심적이라고 보았다. 자신의 생각과 감정을 솔직하게 드러내는 일이 신뢰를 형성하므로, 자기노출은 상대방의 감정을 이끌어내는 '마중물' 역할을 한다고 말했다.

하지만 많은 사람들은 자기노출을 어려워한다. 대신 완곡한 표현을 쓰거나, 참으며 상황을 지켜보는 등 수동적인 행동을 취한다. 이는 한국적 소통의 특징이기도 하다. 직설적인 사람을 '무례한 사람'으로 보는 경향이 오랜 시간 쌓이며, 직설적 표현은 인성 문제로까지 연결되는 경우가 많았다. 이렇게 쌓인 말들은 생각 창고 속에 '불통 더미'로 쌓였다가, 독성 가스처럼 엉뚱한 형태로 터져나온다.

예를 들어, 일하는 태도가 마음에 들지 않는 후배를 한참 지켜보다가 더 이상 안 되겠구나 싶어 탕비실로 불렀다고 가정하자.

갑자기 호출을 받은 후배는 자리에서 일어나는 순간부터 '뭔가 이상한데?'라고 뇌에 위험 신호를 보낸다.

후배 입장에서는 '오늘, 지금' 아무런 일이 없기에 선배의 호출을 불안하게 느낄 수밖에 없다.
그런데 선배가 하는 첫마디가 이렇다.

"오해하지 말고 들어요."

이 말을 듣는 순간 후배의 '오해 모드' 스위치가 on 되어버린다. 선배가 마음속에 담아두었던 불편한 이야기를 예상하지 못한 순간에 꺼내놓는 것이 반가울 리없다. 이후에 대화는 서로의 갈등에 불을 붙이는 악순

환으로 번질 게 뻔하다.

"내가 뭐라고 하는 게 아니라."
→ '아… 뭐라고 하려고 불렀구나.'

"객관적으로 말하는 건데요."
→ '당신 주관이 99%겠지.'

"다 ○○님을 위해서 하는 말이에요."
→ '본인 감정 푸는 거잖아.'

"기분 안 상했죠?"
→ '이미 상했지.'

"아무한테나 이런 말 안 해요."
→ '그럼 난 뭐냐.'

'두고 보면 괜찮아지겠지.'
'말하지 않는 걸 보니 괜찮은가 본데?'

'정 어려우면 먼저 얘기할 거야.' 하는

안일한 생각은 갈등에 불을 붙이는 일이다. 갈등 관리는 밀당이 아니다. 상대방의 욕구를 제대로 이해하고 싶다면 내 생각과 감정을 먼저 꺼내야 한다.

'적시에 즉시!

필요하다고 여겨지는 때에 바로!'

드러내면 드러난다

상대방에게 싫은 소리를 꺼내는 게 불편하다며 아끼는 건 겉보기에는 배려처럼 보이지만, 사실 회피성 표현이다.

말하지 않으면서 '넌 알아야지.'라는 기대를 하는 것은 오해를 만든다.

이는 앞서 설명한 '그라데이션 갈등(Gradation Conflict)'과 연결된다. 서서히 쌓인 감정은 결국 폭발로 이어진다.

그렇다고 '참았던 이야기를 다 쏟아내라'는 건 아니다.

갈등을 줄이는 자기노출에는 두 가지 축이 필요하다. '직접적인 소통'과 상대에 대한 '존중과 지지'다. 존중과 지지가 없는 자기노출은 무례하며, 소통 없는 존중과 지지는 꺼내지 않은 선물과 같다.

욕구를 표현하는 자기노출 대화법

첫 번째, 감정 중심 표현

"요즘 이 일에 대해 너에게 이런 기대가 있었는데,
잘 안 맞는 부분이 생기다 보니
나도 모르게 섭섭했나 봐."

두 번째, 마중물 질문

"혹시 그렇게 한 이유가 있었어?"

세 번째, 기대와 욕구 표현

"앞으로는 이런 방식으로 해주면 좋겠어.
난 그게 더 효율적이라고 생각하거든."

자신의 감정을 먼저 꺼내면, 상대도 방어를 풀고 속

마음을 드러낼 수 있다. 감정과 욕구를 솔직히 드러내는 것은, 갈등을 단절이 아닌 이해로 바꾸는 열쇠다.

심리학자 어윈 알트만(Irwin Altman)과 달마스 테일러(Dalmas Taylor)의 사회 침투 이론은 관계가 깊어지는 과정을 양파 껍질을 벗기는 것에 비유한다. 껍질을 한 겹씩 벗겨낼수록 감정적 유대가 깊어지고, 이러한 개방은 갈등의 예방과 해결에 긍정적인 영향을 준다. 그리고 그렇게 한 걸음씩 서로의 문화를 이해하고 수용하게 된다.

말하지 않아서 생기는 오해보다, 말했기 때문에 생기는 이해를 선택해야 한다.

자기노출은
'상대에게 나를 드러내는 용기'이자
'닫혀있던 관계를 다시 흐르게 하는 통로'다.

Reflective Questions

1. 최근에 갈등이 있었던 상황에서 내 감정을
   먼저 표현한 적이 있는가?
2. 내 말이 회피성 표현이 되지 않으려면,
   어떤 부분을 바꿔야 할까?
3. '말하지 않아서 생기는 오해'와 '말했기 때문에 생기는
   이해' 중, 어떤 쪽을 선택하는 편인가?

05
챕터

–

소통

갈등을 부르는 말,
갈등을 줄이는 말

소통은
손에 쥔 불씨와 같다.
한마디가 갈등의 불길을 키우기도 하고,
관계의 온기를 살리기도 한다.

01

갈등을 줄이는 소통의 첫걸음, 메타 대화

소통에도 '룰'이 필요하다

개인적으로 대화할 때마다

"참 재미있네." 라는 말이

절로 나오는 사람이 있다.

그와의 대화가 즐거운 이유는 리액션 덕분이다.

내가 무슨 말을 시작하면 곧바로

"어어, 그렇지 그렇지." 하고 반응한다.

이런 소소한 리액션은 대화의 양념이자 다리 역할을 한다.

그런데 그의 반응은 유난히 빠른 게 특징이다.
예컨대,
"내가 이번에 교육을 갔는데 참 당황스러운 일이…"
라고 말하면
곧장 "어어, 맞아요."라는
답이 돌아온다.

마치 고장난 '주크박스'처럼, 노래를 고르기도 전에 반주부터 튕겨버리는 식이다.

처음엔 솔직히 당황스러웠다.
"아니, 그 사람이 말이에요…" 하면

또다시 "어어, 그래요. 맞아."라고 하니.
결국 물을 수밖에 없었다.
"내 말을 듣긴 하는 거예요?"

그는 껄껄 웃으며 말했다.

"아 죄송해요. 이거 제 습관이에요."

그제야 의도치 않은 버릇임을 알게 되었고, 지금은 오히려 그 빠른 리액션이 익숙하다. 다만 이런 패턴이 모든 관계에서 통하는 것은 아니다.

이런 '빠른 반응'이나 '중간에 말 끊기'가 낯선 관계에서 반복되면, 상대는 존중받지 못한다고 느낄 수 있다.

'내 말을 다 들어주지 않는다'는 생각이 쌓이면, 처음에는 아무렇지 않던 대화가 서서히 불편해지고, 어느 순간 갈등으로 비화한다.

특히 직장처럼 다양한 배경과 성향의 사람들이 함께하는 환경에서는 사소한 대화 습관이 관계에 큰 영향을 미칠 수 있다.

이런 오해를 줄이고, 서로의 대화 방식을 존중하며

소통하기 위해서는 '메타 대화'가 필요하다. 메타 대화는 '대화에 대한 대화', '대화를 위한 대화'다.

즉, 대화를 시작하기 전에
*"이번 이야기는 서로 끊지 않고 들어주자."*라거나,
*"중간에 확인 질문을 하자."*처럼
대화의 방식을 먼저 합의하는 것이다.

이를 통해 불필요한 오해를 줄이고, 갈등이 커지기 전에 예방할 수 있다.

갈등을 줄이는 소통은 거창한 화술이 아니라, 대화의 틀을 먼저 맞추는 것에서 시작된다.

돌아보면 대화 중 갈등이 커진 이유는 꼭 '무슨 내용'을 말했느냐보다 '어떻게 말했느냐'에 있었다. 나 역시 누군가와 대화를 하다 감정이 불쑥 상한 경우를 생각해 보면, 그 이유는 대화 내용보다 말을 끊는 타이밍, 무심한 표정, 혹은 내 이야기가 끝나기도 전에 덮어버리는 반응 등의 지분이 더 컸다.

그 순간엔

*'저 사람 왜 저래?'*라는 생각이 먼저 들지만,

사실은 그 사람보다 우리가 '어떻게 대화할지'를

사전에 합의하지 않은 탓이 크다.

즉, 메타 대화가 빠진 상태에서 본대화가

시작된 것이다.

주제보다 방식, 메타 대화

메타 대화는 대화의 형식과 규칙을 미리 정하는 것이다.

"이번 회의는 아이디어만 모으자." 혹은

*"피드백은 회의 마치고 한 번에 합시다."*처럼

약속을 만드는 것.

이렇게 보면 메타 대화는 일종의 '그라운드 룰'과 같다. 경기장에 경기 규칙이 있듯, 대화에도 '이 울타리 안에서 한다'는 합의가 있으면 불필요한 오해와 감정 소모를 줄일 수 있다.

메타 대화를 시작하는 방법은 의외로 간단하다. 대화 목적을 먼저 합의하고, 말하는 순서나 시간을 정하며, 감정 표현의 범위를 약속하는 것이다. 규칙에서 벗어났을 땐 가볍게 상기시키면 된다. 중요한 건, 이 규칙이 '강요'가 아니라 '안심'이 되도록 만드는 것이다.

특히 업무 대화에서는 메타 대화가 필수다.

간단하게는 "혹시, 통화 가능 시간이 얼마나 되나요?"라는 문으로 시간을 합의한 뒤 통화를 시작하는 것도 좋다.

그래야 "미안해요. 지금 전화를 끊어야 할 것 같아요."라는 다소 불편한 이야기를 예방할 수 있다.

나는 커뮤니티를 위해 여러 단체 대화방을 운영하고 있는데, 단톡방 공지를 하고 멤버들의 확인 여부를 확인하기 위해

"확인한 분은 따로 글을 남기지 말고

'좋아요' 표시해 주세요."라는

가이드를 주어 신속하고 편리한 소통을 한다.

참가자 수가 많은 단체 대화방엔 글이 쏟아져서 공해라고 느끼는 사람들이 존재하기에 운영자 공지 외 사적 대화 및 정보는 공유하지 않는 것을 룰로 정해 두었다.

업무 관련 대화 목적과 주제를 합의할 때는
"오늘은 아이디어만 모으는 자리예요.
의견 도출은 다음에 합니다."
등으로 큰 틀의 합의를 유도하며 시작할 수 있다.

때론 효과적인 소통을 위해 말하는 순서와
시간을 정할 수도 있다.
"각자 3분씩 말하고, 질문은 마무리할 때
한 번에 받을게요."

여기에 감정 규칙을 더하면 좋다.
'비난 없이, 질문 형태로만 의견 제시하기.'

만약 누군가 규칙을 위반한다면
*"방금은 규칙에서 벗어난 것 같아요."*처럼

가볍게 상기시켜 주는 것도 메타 대화에 포함된다.

이렇게 하면 대화의 흐름이 매끄럽고, 서로의 존중 욕구가 채워지는 소통, 즉 갈등을 예방하는 소통으로 이끌어갈 수 있다.

중요한 대화를 시작하는 것은 낯선 길을 떠나는 여행과 같다. 어디로 갈지를 정하기 전에, 먼저 어떤 길을 택할지 합의하는 것이 필요하다. 누가 운전대를 잡을지, 언제 멈추어 쉴지를 미리 정하지 않으면 길에서 헤매기 쉽다. 대화도 마찬가지다. 주제보다 방식을 먼저 합의하면 갈등은 줄고, 이해는 더 깊어진다. 그 합의가 있을 때 우리는 서로의 속도와 방향을 존중하며 대화를 이어갈 수 있고, 결국 원하는 목적지에 안전하고 평화롭게 도착할 수 있다.

Reflective Questions

1. 중요한 대화를 시작하기 전에 '대화 방식과 규칙(그라운드 룰)'을 먼저 합의해 본 경험이 있는가?

2. 나의 대화 습관 중, 상대방의 흐름을 방해하거나 오해를 만들 수 있는 부분은 무엇인가?

3. 나와 상대가 모두 편안해지는 울타리를 만드는 메타 대화를, 어떻게 시도해 볼 수 있을까?

02

"내가 틀린 말 했어?"는
틀렸다

말투가 닫히면 마음도 닫힌다

나는 오랜 기간 원칙주의에 매몰되어 있었다.

그 시절 자주 쓰던 말이 하나 있다.

"내 말이 틀린가요?"

당시의 나는 옳고 그름의 시소게임에서

늘 '옳음'의 자리에 서있었다.

그래서 어김없이 그 말을 꺼냈다.

"내 말이 틀려?"

하지만 결과는 의외였다.

내 입장이 명확할수록 갈등이 줄어들기는커녕 오히려 커지고 번져나갔다. 한동안 이유를 찾지 못했다.

'나는 분명히 잘못한 것이 없는데
왜 상대방은 인상을 쓸까?'

이런 생각의 악순환은 갈등의 골을 더 깊게 파내려 갔다. 그리고 그 끝에 가서야 비로소 그 이유를 깨달을 수 있었다. 갈등은 판정이나 심판처럼 옳고 그름을 가리는 문제가 아니라는 사실을 말이다. 갈등 관리의 본질은 서로를 인정하며 조화를 찾고 공존하는 과정이었다. 그런데 내 말투 속에는 이미 전제가 깔려있었다.

'나는 옳고, 너는 틀렸다'는 선언 말이다.
"왜 이렇게 했어?"라는 짧은 물음 하나에도
그 뉘앙스가 스며있었다.

돌아보면 그 말투야말로 갈등의 씨앗이었다. 말은 내

용보다 감정을 먼저 건드린다. 내가 옳다는 확신이 상대를 틀리게 만드는 순간, 대화는 대립으로 변하고 관계는 금이 갔다.

대화가 갈등으로 비화하는 건 대부분 내용 때문이 아니라 말투 때문이다. 어조와 질문 방식이 상대방의 방어기제를 먼저 자극하기 때문이다.

예를 들어,
*"왜 그렇게 했어요?"*라는
질문은 상대를 설명자로 세움과 동시에
이미 비난받고 있다는 느낌을 주며 시작된다.

보통 *"내가 틀린 말 했어?"*라는
말을 들은 사람은 이를 지적이라고 느끼고
방어 태세를 취한다.

그래서 곧바로
*"아니 뭐, 내가 틀리다고 했어?"*라고

반박하기 마련이다.

이런 대화의 흐름은 갈등의 씨앗에 불을 붙이고,

금세 논점에서 이탈한 감정싸움으로 변질된다.

이어서

"그럼 너도 잘못을 인정하는 거네.

*그런데 왜 언성을 높여?"*라는 식의

질책이 오가면, 그 뒤 대화의 결말은 뻔하다.

생산적인 논의는 사라지고,

남는 건 상처뿐이다.

대부분의 사람은 내용의 옳고 그름을 떠나, 대화가 다툼으로 번지는 경험을 한다. 심리학적으로는 이를 '방어적 귀인 편향(Defensive Attribution Bias)'이라고 부른다. 사람은 상대가 자신을 공격한다고 해석하는 순간, 본능적으로 자기방어 태도를 취한다.

결국 내가 던진 한마디가 상대의 이성이 아닌 감정을 자극해 갈등을 키워버리는 것이다.

지적을 질문으로 바꾸기

대화가 갈등으로 흐르는 이유 중 하나는
말투가 닫혀있기 때문이다.

"왜 그렇게 했는지 말해봐?"라는 말은 상대방에게 설명의 기회를 주는 것 같지만 사실은 비난의 화살처럼 들린다.

반면, 질문은 대화의 문을 열어준다. 상대의 관점을 묻고 이해하려는 시도 자체가 이미 존중의 표현이다.

심리학적으로도 질문은 상대의 자율성을 인정하는 신호다. 인간은 자기 선택이 존중될 때 방어기제를 내려놓고, 스스로 더 많은 정보를 개방한다. 질문으로 바꾸는 것은 갈등을 줄이고 신뢰를 쌓는 핵심 기술이다.

말투를 질문으로 바꿀 때 중요한 건 단순히 어미만 바꾸는 게 아니라 태도를 바꾸는 것이다. 핵심은 중립형 질문, 이해형 질문, 열린 질문 방식이다.

첫 번째, 부정형을 중립형으로 바꾸기

"왜 이렇게밖에 못 했어?"

→ *"이 과정에서 어떤 어려움이 있었나요?"*

상대의 행동을 비난하기보다 상황을 탐색한다.

두 번째, 판단 대신 이해하려는 질문

"그렇게 하면 안 되잖아."

→ *"그 방법을 선택한 이유가 있나요?"*

판단을 멈추고 맥락을 묻는다.

세 번째, 닫힌 질문 대신 열린 질문

"이거 제대로 한 거 맞아?"

→ *"이 일을 하면서 어떤 점을 가장 중점에 두었나요?"*

예·아니요로 끝나지 않고, 상대의 설명을 유도한다.

질문은 상대방의 세계에 방문해서 그 사람의 문화를 익히고 배우는 학습과 같다. 질문의 어원인 라틴어 quaerere(찾다, 탐구하다)에서 그 의미를 찾을 수 있다.

본래 질문은 상대방의 지식과 생각을 존중하며, 그로부터 배우고자 하는 태도를 전제로 한다. 그래서 질문은 대화를 끊는 지적과 달리, 새로운 가능성을 여는 탐색 행위다.

질문이 중요한 이유는, 그 특성이 상대 스스로 참여자로 인식하게 하고 방어기제를 낮추기 때문이다. 질문은 상대를 존중하는 관계적 메시지를 담고 있어, 자연스럽게 갈등의 긴장을 완화시킨다.

*"왜 이렇게밖에 못 했어?"*라는
지적형 발화는 상대가 비난받는다고
해석하게 만들지만,

*"이 과정에서 어떤 어려움이 있었나요?"*라는
질문은 탐색과 존중의 흐름을 열어준다.

이 차이가 대화를 감정싸움으로 번지게 하느냐, 아니면 협력적 이해로 이끌어가느냐를 갈라놓는다.

대화에서 중요한 건 옳고 그름의 판정이 아니라 상대와 연결되는 방식이다. 질문은 상대의 마음을 열어주는 다리다. 작은 말투의 전환이 갈등을 줄이고, 서로를 이해하는 출발점이 될 수 있다.

이전 챕터에서 존중의 중요성을 이야기했다. 상대방

을 존중하지 않는 경우, 우리는 쉽게 판단하고 지적하는 자기중심적 태도에 빠진다. 그렇게 되면 우리의 행동에 담긴 의도와 배경은 관심 밖으로 밀려나고 만다.

결국 태도를 바꾼다는 것은 상대방의 말 한마디, 하나의 행동을 넘어서 그 사람의 생각과 삶 전체를 존중하는 것을 의미한다.

'말투를 질문으로 바꾸는 것은 단순한 기술이 아니라, 상대방을 존중하는 구체적 실천이다.'

Reflective Questions

1. 나는 대화 속에서 질문을 탐색과 존중의 행위로 사용하고 있는가?
2. 내가 자주 하는 질문이나 말투에서 상대의 방어기제를 자극하는 부분은 무엇일까?
3. "왜 이렇게밖에 못 했어?"라는 지적형 말투를 탐구형 질문으로 바꾼다면, 어떻게 시도해 볼 수 있을까?

03

기억이
경험을 이긴다

만나면 좋은 친구 같은 사람

함께 일하는 강사 중에 통화할 때마다 기분이 좋아지는 사람이 있다.

그는 대화를 시작할 때부터 사람을 기분 좋게 한다.
단순히 "안녕하세요."라고 말하지 않고,
"오~ 대표님, 안녕하세요! 잘 지내셨어요?"라며
마치 동창회에서 오랜만에 만난 친구처럼
반갑게 맞이한다.

그리고 비즈니스 대화 내내

"아, 그렇죠."
"아휴, 바쁘시겠어요." 같은
공감의 표현으로 대화의 맛을 살려준다.

대화를 마칠 때는
"연락 주셔서 감사합니다."
"늘 건강하세요." 라는
격려와 응원을 덧붙인다.

놀라운 것은 그와의 대화가 늘 계약으로 이어지지 않아도, 뭔가 연결되어 있다는 신뢰가 강하게 남는다는 점이다. 오히려 강의 의뢰나 업무적 부탁이 성사되지 않아도 그는 내 말에 귀 기울이는 고마운 사람, 무슨 일이 있을 때마다 떠올리는 귀인으로 기억된다. 여기서 중요한 사실은, 대화의 결과가 어떠하든 기억의 방향은 언어의 뉘앙스에 따라 달라진다는 점이다.

대화를 하다 보면 목적과 무관하게 좋은 감정을 갖게 하는 사람이 있는가 하면, 내 요구가 충족되었음에도 뒤끝이 찝찝한 경우도 있다. 언어는 단순한 전달 도구가 아니라, 상대의 마음속에 남는 인상과 기억을 형성하는 힘을 가진다. 그래서 같은 의미더라도 어떤 어조와 단어를 선택하느냐가 관계의 지속 가능성을 결정짓는다.

> '대화의 성패보다 더 오래 남는 것은
> 그 사람과 나눴던 말의 흔적이다.'

우리는 기억을 흔히 사진처럼 정확히 저장된 기록이라고 믿는다. 그러나 심리학은 오래전부터 기억은 사실을 그대로 보관하는 창고가 아니라, 맥락과 의미를 재구성하는 과정이라는 점을 보여주었다. 그래서 때로는 실제로 경험하지 않은 것도 마치 실제 경험한 것처럼 떠올리곤 한다.

이처럼 기억이 얼마나 쉽게 왜곡될 수 있는지를 보여주기 위해 고안된 대표적인 실험이 바로 '디스 – 로디거 – 맥더머트(Deese – Roediger – McDermott, DRM) 패러다임'이다.

이 연구에서는 참가자들에게 '침대(bed)', '꿈(dream)', '피곤(tired)', '이불(blanket)' 같은 단어들을 보여주었다. 그런데 실험 말미에 참가자 상당수가 제시되지 않은 '수면(sleep)'이라는 단어를 '봤다'고 확신했다. 더 흥미로운 것은, 그들의 '수면' 단어에 대한 확신이 실제 경험한 다른 단어를 기억할 때만큼이나 강했다는 점이다. 왜 이런 일이 벌어졌을까?

얼마나 '사실적'으로 기억할까?

이 현상은 우리의 뇌가 개별 사실을 정확히 저장하는 것이 아니라, 연관된 의미망(semantic network)을 바탕으로 기억을 재구성하기 때문이라고 설명된다. '침대'와 '꿈'이 제시되면, 뇌는 자동적으로 '수면'을 떠올리게 되고, 그것이 실제로 본 것처럼 뒤섞여 기억 속에 들어온다. 즉, 인간의 기억은 '기록'이라기보다 '이해와 해석의 결과물'에 가깝다.

사람은 실제로 했던 말을 그대로 기억하지 않는다. 그 말이 주는 맥락, 분위기, 감정의 흔적을 종합해 재구성한다. 냉철한 피드백이든 반드시 해야 할 말이든, 그 자체가 어떻게 표현되었는지는 그대로 남지 않는다. 그 것보다는, 특정 시점에 남긴 말과 대화의 구조가 좋았 는지 아니면 나빴는지에 따라 전체 대화의 기억이 좌 우된다. 이것이 바로 '순행간섭(proactive interference)'과 '역행간섭(retroactive interference)'의 원리다.

기억 연구의 토대를 이룬 고전적 실험심리학자들의 연구에서 발전된 개념이 바로 순행간섭과 역행간섭이 다. 순행간섭은 과거에 학습한 내용이 새로운 학습을 방해하는 현상을, 역행간섭은 새로운 학습이 과거 기억 을 약화시키는 현상을 뜻한다. 다시 말해 앞의 경험이 뒤의 기억을 방해하는 것이 순행간섭이고, 뒤의 경험이 앞의 기억을 덮는 것이 역행간섭이다. 과거에 들었던 말이나 경험이 새로운 대화를 가로막는 것은 순행간섭 이고, 마지막에 주고받은 말이 앞선 내용을 덮는 것은 역행간섭에 해당한다. 결국, 대화가 끝난 뒤에 남은 정 서가 그 앞의 모든 대화를 좋은 기억 혹은 나쁜 기억으 로 바꿔버린다.

'기억'이 중요하다는 걸 '기억'하기

앞서 갈등 상황을 슬기롭게 극복하기 위해서는 '결과'보다 '관계'에 중점을 두어야 한다고 이야기했다. 대화도 어떤 결과를 얻었는지보다, 상대와 나 사이에 어떤 감정이 남았는지가 더 중요하다. 상대방에게 반드시해야 할 냉철한 피드백이 있다면, 그것이 부정적 감정으로 각인되지 않도록 좋게 마무리할 필요가 있다.

쉽게 활용할 수 있는 샌드위치 대화법을 제안한다. 스피치 분야에서 주로 활용하는 샌드위치 화법의 흐름은 이렇다.

첫째, 긍정	둘째, 중립	셋째, 긍정
상대방의 노고나 과정에 대한 인정과 감사	사실 중심의 피드백과 대안 제시	신뢰와 고마움을 다시 확인

이렇게 하면 상대는 차가운 피드백 그 자체보다는 '존중받았다.', '끝까지 따뜻했다.'라는 기억을 강하게 남긴다.

이는 관계를 살리면서도 결과를 이끌어내는 가장 효과적인 방식이다. 이 구조는 단순히 포장하기 위한 것이 아니라, 기억의 원리를 활용해 갈등을 줄이고 관계를 지키는 방법이다. 같은 피드백이라도 이렇게 한다면 어떨까?

"빠듯한 일정 속에서도
자료를 성실히 모아준 덕분에
팀이 큰 도움을 받았어."

긍정 노고와 과정 인정

"다만 수치 정리가
조금 더 정확하면 전달력이
더 좋아질 것 같아."

중립 사실 기반 피드백과 대안 제시

"네가 있기에 팀이 훨씬 든든하고,
앞으로도 함께 성장할 수
있을 거라 믿어."

긍정 신뢰와 고마움 재전달

아마 다음 보고서 작업 때는 온 기운을 모아 수치 정리에 매진하지 않을까?

'말은 흘러가지만,
그 말이 남긴 기억은 오래 지속된다.'

때로는 내용이 옳고 유익했지만, 말을 전하는 방식이 거칠어 상처로만 남는 경우가 있다. 마치 더러운 그릇에 담긴 영양가 있는 음식을 받은 것과 같다. 반대로, 말의 내용은 다소 평범했어도 따뜻한 어조와 진심 어린 태도로 건네면, 듣는 이는 그 순간을 좋은 기억으로 오래 품는다. 이는 꽃 한 송이를 건네며 미소를 함께 남기는 것과 같다. 꽃은 언젠가 시들겠지만, 그 순간의 따뜻함은 마음에 오래 새겨진다.

단순히 '무슨 말을 할 것인가'에만
머물러서는 안 된다.

그 말이 남길 기억까지 고려해야 한다. 반드시 해야

할 말이 있다면, 상대방의 마음에 긍정적 기억으로 자리 잡을 수 있도록 표현하는 지혜가 필요하다. 그것이 관계를 지키면서도 메시지를 온전히 전달하는 가장 현명한 방법이다.

Reflective Questions

1. 나는 최근에 했던 피드백에서 마지막 기억을 어떻게 남겼는가?

2. 내가 말한 사실보다 정서가 더 크게 기억될 수 있다는 점을 충분히 의식하고 있는가?

3. 다음번 피드백에서는 '샌드위치 대화' 구조를 어떻게 활용할 수 있을까?

04

갈등을 완화하는
'중간어(中間語)' 사용법

할 말 다 해도 관계가 좋은 이유?

사람들은 흔히

"말을 아껴야 한다.",

*"말이 많으면 실수가 많다."*라고 한다.

말하는 걸 '무척' 즐기는 나 역시 이 말에 200% 동의한다. 말은 곧 평가의 대상이 되고, 그만큼 냉정한 피드백을 받기 마련이다. 말의 꼬리가 긴 만큼 갈등의 찌꺼기들도 따라붙기 마련이다.

그런데 함께 책을 썼던 '그 강사'는 달랐다. 할 말을 다 하는데도 이상하게 사람들과의 관계가 좋았다. 오히려 쓴소리를 하고도 결과적으로는 함께 웃는 일이 많았다. 나는 그의 대화 방식을 오랫동안 관찰한 끝에 비밀을 알게 되었다.

그는 갈등이 생길 만한 긴장의 순간에도 언어를 단정적으로 쓰지 않았다.

예를 들어,
"너는 항상 늦어.",
"절대 그렇게 하면 안 돼." 같은
단호한 말 대신
"가끔 늦을 때가 있는 것 같아.",
"이런 경우엔 이렇게 하면 더 좋을 것 같아." 라고 표현했다.

겉보기에는 별 차이 없어 보이지만, 그 작은 차이가 큰 효과를 냈다. 상대를 방어적으로 만들지 않아, 대화의 긴장을 풀어주었다. 덕분에 서로 의견을 이어갈 수 있는 분위기가 만들어졌다.

나는 그의 화법을 '중간어'라고 부르기로 했다.

중간어란 직설적이고 날카로운 표현 대신, 부드럽게 돌려 말하는 완곡어법이나, 평가와 감정을 드러내지 않는 중립적 언어 표현과 결이 같다. 단정적인 말과 직설적인 말 사이에서 관계를 지켜주는 완충 언어, 그게 바로 내가 말하는 중간어다.

이는 단정적이고 극단적인 표현을 피하고, 상대를 존중하면서도 자신의 메시지를 분명하게 전하는 방식이다. 앞서 강조한 '자기노출'과는 분명히 구분해야 한다.

자기노출은 자신의 생각과 감정을 솔직히 드러내는 것이지만, 간혹 직설적인 표현이 오해를 낳는 경우가 있다. 자기노출을 할 때나 상대에게 피드백을 건넬 때 중간어를 적절히 사용하면 훨씬 부드럽게 전달할 수 있다.

예를 들어, *"나는 이런 상황이 불편했어."* 라는
자기노출에 *"너는 항상 그래."* 가 아니라
"가끔 이런 경우가 있더라." 라고 덧붙이면
메시지는 명료하면서도
관계는 무너지지 않게 전달할 수 있다.

중간어의 강력한 힘

갈등 상황에서 사용하는 언어는 상대방의 방어 수준을 크게 좌우한다. 호주의 에디스코완대학교 심리학과 셰인 L. 로저스(Shane L. Rogers)의 2018년 연구에서는 단순히 '너는'을 '나는'으로 바꾸는 것만으로도 갈등 상황에서 방어심을 현저히 낮출 수 있음을 보여주었다.

*"너는 늘 그래!"*라는

공격적 지적 대신

*"나는 이렇게 느꼈어."*라고 표현하면,

감정싸움으로 번질 불안을 줄이고

상대가 공감할 여지를 넓힌다.

이와 같은 맥락에서 '항상', '절대' 같은 극단적 단어 역시 상대방의 방어 기제를 자극하여 긴장을 키운다.

반대로

'가끔', '특정한 경우' 같은 중간어는 상대에게

*"나는 늘 잘못된 게 아니구나."*라는 여지를 남겨

방어 대신 수용적인 태도를 촉진한다.

말 한마디로 천 냥 빚을 갚을 수는 없더라도, 갈등을
완화시키는 힘은 분명히 존재한다.

그 강사와 함께 프로젝트를 진행하던 중,
일정 조율에 문제가 발생했다.

보통 같으면
"왜 늘 이렇게 늦게 알려줘요?"라는
불만이 터져나왔을 텐데,
그는 이렇게 말했다.

"가끔 일정이 급하게 변경될 때가 있더라고요.
이럴 땐 제가 준비가 빠듯해지는데,
미리 알 수 있으면
훨씬 수월할 것 같아요."

그 순간 나는
내 잘못을 방어하기보다,
'아, 다음엔 미리 알려야겠구나.'라는

생각이 먼저 들었다.

중간어가 상대의 자존심을 지켜주면서도 문제를 드러내는 힘을 발휘한 것이다.

그의 중간어 활용은 앞서 다뤘던 '역행간섭'의 원리와 연결된다. 대화에서 마지막 순간에 긍정적 메시지를 남기면, 이전의 불편한 기억보다 긍정적 인상이 강하게 남는다. 그런데 그는 중간어까지 활용하니 그 효과는 배가될 수밖에.

'절대적'으로 쉬운 중간어 활용법

그 누구도 자신이 실수를 했을 때

*"당신은 항상 이래."*라는

말을 듣고 싶지 않을 것이다.

본인의 잘잘못을 떠나 불쾌한 기억이 오래도록 남기 때문이다. 그러나 상대가 이렇게 말을 한다면 어떨까?

"이번에는 조금 놓친 부분이 있었던 것 같아요.

음... 이렇게 바꿔보면

더 잘될 것 같은데 어때요?"

실수에 대한 피드백은 그대로 전달되면서도 대화의 끝은 격려와 신뢰로 마무리될 가능성이 높아질 것이다. 오히려 상대의 기대에 부응하기 위해 더 애쓰지 않을 까? 그럼 좋은 '결과'와 더불어 지속 가능한 '관계'도 얻게 된다. 중간어 활용은 상대를 방어적으로 만들지 않아 관계에 긍정적 기억을 쌓는다. 중간어와 긍정적 기억의 법칙은 서로를 강화하며 시너지를 만든다.

중간어를 일상화하기 위해 아래 세 가지를 실천해 보길 권한다.

첫 번째, 절대적 표현을 상대화하기

'항상' 대신 '가끔',

'절대' 대신 '이런 경우엔'으로

바꾸기.

두 번째, 자기노출과 결합하기

모호한 돌려 말하기가 아니라,

자기 경험을 담아

"나는 이런 상황에서 힘들었어."라고

말하기.

세 번째, 긍정적으로 마무리하기

대화의 끝은

격려, 응원, 감사로 마무리하기.

역행간섭의 원리에 따라

긍정적 기억은 덤이다.

그 강사는 작은 언어 습관으로 갈등을 예방하고 관계를 단단하게 지켰다. 나는 그를 보며 '갈등은 일상의 단어 선택에서부터 달라질 수 있다'는 깨달음을 얻었다. 중간어는 관계를 지켜내는 실천적 지혜다. 그것은 마치 자동차의 에어백이나 범퍼처럼, 충격을 완전히 없애지는 못하지만 강도를 흡수해 파국을 막아준다. 대화 속 중간어도 상대의 마음에 가해지는 언어적 충돌을 완화하며, 결국은 부서짐이 아니라 회복 가능성을 남긴다. 중간어는 긍정적 기억을 남기고 관계를 지탱하는 가장 강력한 완충 장치다. 기억하자.

'언어의 디테일이
갈등을 줄이고 관계를 살린다.'

Reflective Questions

1. 나는 갈등 상황에서 '항상', '절대' 같은
   단어를 얼마나 자주 쓰고 있는가?
2. 내 피드백 스타일은 모호하게 돌려 말하기인가,
   아니면 중간어를 활용한 자기노출인가?
3. 나의 말 습관은 상대가 나를 떠올릴 때 어떤 기억을
   가지게 만들고 있는가?

05

감정, '솔직함'보다
'올바름'

'찝찝한 승리'의 이유

나 같은 원칙주의자에게 약속은 마치 '악보'와 같다. 정해진 박자와 음이 지켜져야 음악이 되고, 한 음이라도 틀어지면 조화가 깨진다. 약속도 이와 같다. 하기로 한 것은 반드시 해야 하고, 부득이하게 변경이 필요하다면 먼저 연락해서 조율하고 대안을 제시해야 한다.

물론 '애드리브'라 불리는 즉흥연주도 있지만, 연주자가 자기 멋대로 치겠다는 의미와는 거리가 있다.

오히려 기본 악보와 흐름을 충분히 이해한 후, 다른 연주자들과 호흡을 맞추며 변주하는 것이다. 그렇기에

변주가 필요하다면, 전체 합주가 어긋나지 않도록 미리 상의하는 게 예의다. 그런 면에서 또 다른 '그 강사'는 나와 결이 맞지 않는 사람이었다.

교육 일을 하며 만난 그는 교재를 보내주기로 한 날이 되어서 연락을 하면

"아, 오늘까지였나요?" 하고

반문하기 일쑤였고 대면 미팅이 있는 날에는

기본적으로 10분 이상 지각을 했다.

이유는 늘 비슷했다. 통제 불가능한 교통 상황, 변덕스러운 날씨, 그리고 뭐라 설명하기 어려운 개인사(돌아보면 왜 그때는 사람도 고쳐 쓸 수 있다는 낙관적인 생각을 했는지 잘 모르겠다).

그러던 어느 날, 일이 생겼다. 그날도 받기로 한 계획서가 있었는데 종일 연락이 안 되어 발을 동동 구르고 있었다. 결국 퇴근 시간이 다 되어 전화한 그에게 나도 모르게 욱하고 말았다.

"강사님, 이번에도 늦으면 안 되었는데 또 늦으셨네요. 혹시나 싶어서 묻는 건데요. 이번 교육 마음에 안 드는 게 있나요?"

짧은 정적이 흘렀다.
잠시 후 그는 개미 소리처럼 작게
"미안합니다."라고 말했다.

가슴속에서 뭔가가 뚫린 듯 시원했다. 번번이 약속을 어긴 그에게 한마디 할 자격이 충분하다고 믿었기에, 마치 오래 묵은 응어리를 풀어낸 듯한 해방감이었다. 그러나 소소한 통쾌함은 오래가지 않았다. 잘 눌러지지 않아 늘 속을 썩이던 건반을 세게 내리쳐 버린 것처럼, 순간의 속은 시원했지만 곧 전체 흐름이 깨지는 불협화음이 찾아왔다.

왜 불협화음으로 인식하게 되었을까? 내 감정 표현이 나와 그의 관계, 혹은 나의 평판과 궁극적으로 내 감정관리에 도움이 되었어야 했는데, 뭔가 놓친 게 있었던 것이다. 전화를 끊고 어떤 부분이 불편했는지 돌아보다 알게 되었다. 내가 원한 건 그의 반성이나 변화, 나와의 긍정적 관계가 아니었다. 결국 내 속에 쌓아온 불만을 폭발시키는 일 자체가 목적이었음을. 그 깨달음은 잠시의 시원함보다 훨씬 오래 나를 후회 속에 머물게 했다.

직구보다는 변화구가 필요한 때

감정을 있는 그대로, 솔직하게 표현하는 것은 중요하다. 그런데 그 감정을 '감정적'으로 표현하면 불협화음이 생긴다. 나의 경우 순간의 불쾌감과 답답함은 전달했을지 모르지만, 그것이 진정한 의미의 감정 표현은 아니었다. 직설적인 표현은 비난처럼 들리고, 관계의 골을 깊게 만들 뿐이다. 그렇다면 올바른 감정 표현은 왜 어려울까? 가장 큰 이유는 나조차 내 감정을 정확히 알지 못하기 때문이다.

감정의 종류는 생각보다 훨씬 다양하다.

단순히 "화났다.", "섭섭하다." 수준으로 말하기에는 그 이면에 걱정, 불안, 기대, 실망 같은 복합적인 감정이 얽혀있다.

문제는 내가 내 감정을 단순하게만 인식해, 표현 또한 단순하고 공격적으로 흘러가기 쉽다는 것이다. 그래서 3챕터에서 다루었듯, 갈등을 객관적으로 조망하기 위해서는 먼저 감정을 관리해야 한다. 그렇다면 감정을 다스린 후, 어떻게 올바르게 표현할 수 있는지에 대해 알아보자.

'솔직함' 보다 '올바름'

올바른 감정 표현의 핵심은 '감정 설명 + 구체적 요청'의 구조다. 단순히 "화났다."라고 말하는 대신, 무엇이 감정을 불러왔는지를 설명하고, 앞으로 어떻게 해주었으면 좋겠는지를 덧붙이는 것이다.

예를 들어,

"보고서가 늦어져서 걱정됐어.

다음부터는 마감 하루 전에는

초안을 볼 수 있으면 좋겠어."라고 말하면,

감정을 숨기지도 않고, 폭발시키지도 않으면서

상대방이 이해하고 대응할 수 있는 길을 열어준다.

이 방식의 장점은 세 가지다.

첫째, 나의 감정을 객관적 상황과 연결하여 설명하므로

  불필요한 오해를 줄인다.

둘째, 상대방이 방어적으로 닫히기보다는

  개선할 여지를 찾게 만든다.

셋째, 감정을 표현하면서도 관계를 지킬 수 있다.

즉, 감정을 올바르게 표현한다는 것은 단순한 솔직함
이 아니라, 상대와의 관계를 고려한 책임 있는 선택이다.

이런 표현 방식은 내가 과거에 사용했던 직설적인 방
식과는 정반대다. 불만을 쏟아내는 대신, 상대가 이해
할 수 있는 언어로 내 감정을 드러내니 관계가 훨씬 부드럽게 이어졌다. 중요한 건 '솔직함'과 '올바름'을 담는 것이다.

감정을 올바르게 표현한다는 건, 솔직하게 말하되 무례하지 않게 말하는 것이다. 감정은 갈등의 불씨가 되지만, 잘 다듬어 표현하면 관계를 회복시키는 연결고리가 된다. 결국 감정 표현은 기술이 아니라 태도의 문제다. 내 감정을 먼저 성찰하고, 상대가 이해할 수 있도록 언어를 다듬을 때 비로소 진정한 소통이 시작된다.

갈등을 줄이는 감정 표현은
'솔직함'보다 '올바름'이다.

Reflective Questions
1. 내 감정을 솔직히 드러냈을 때, 그것이 상대방과의 관계에 어떤 영향을 미쳤는지 돌아본 적이 있는가?
2. 순간적인 솔직함과 관계 유지를 위한 신중함 사이에서, 나는 어떤 기준으로 균형을 잡고 있는가?
3. 내 감정을 표현할 때 '상대방이 받아들일 수 있는 방식'까지 고려하고 있는가?

06

때로는 단절과 회피가
더 좋은 소통이다

노력하지 않으려는 노력

오랜 기간 함께 비즈니스를 이어온 강사가 있었다. 그는 내가 주최하는 교육 프로젝트에도, 학습 커뮤니티에도 꾸준히 참여하던 사람이었다. 사건은 담당자가 교체되며 강사와 프로그램을 전면 교체하던 시기에 벌어졌다. 어느 날 그가 본인이 교체된 것에 대해 주변에 불만을 전하고 다닌다는 이야기를 들었다.

단순한 아쉬움에 대한 표현이 아니라,
'내 강의를 빼앗겼다'는 식의 말이었다.

처음엔 '설마 그럴 리가' 하고 넘겼다.

기업 교육에서 강사 교체는 흔한 일이고, 강의는 누구의 소유물이 될 수 없기 때문이다. 하지만 다른 자리에서도 같은 이야기를 반복적으로 들으면서 확신이 생겼다. 그는 정말로 그렇게 믿고 있었다. 직접 확인해 보니, 그는 여전히 '자신의 강의'를 다른 사람에게 넘긴 것 아니냐는 의심을 거두지 않고 있었다.

그 순간 나는 갈림길에 섰다. 더 설명할 것인가, 그의 무례에 반박할 것인가, 아니면 다음 기회를 제안할 것인가. 잠시 생각 끝에 내린 결론은 의외로 단순했다.

'그냥 두자.'

나는 지금도 정말로 그가 그렇게 믿는 건지, 서서히 쌓인 감정 때문인지, 단순히 자존심이 상했을 뿐인지 그 이유를 모른다. 하지만 더 파헤치려 하지 않는다. 그의 신념을 꺾을 에너지도, 동기도 없었고, 억지로 매듭을 풀어도 더 나은 결과가 생길 것 같지 않기 때문이다.

　우리는 흔히 갈등 관리라고 하면 문제를 끝까지 풀어내고 매듭을 다시 묶는 과정이라고 생각한다. 하지만 모든 매듭을 풀 필요는 없다. 어떤 매듭은 너무 단단해서 풀려 하지 않는 것이 더 낫고, 어떤 매듭은 애초에 풀어야 할 가치가 없기도 하다. 괜히 힘을 쓰다 더 헝클어지는 경우도 많다.

　그래서 때로는 단절하거나 회피하는 것이 훨씬 지혜로운 갈등 관리일 수 있다. 반복적이고 소모적인 갈등, 상대의 마음을 더 다치게 만들 수 있는 갈등은 '잘 풀어보겠다'보다 '적절히 관리한다'는 접근이 필요하다. 지연된 응답, 일부러 두는 심리적 거리, 침묵의 선택은 때로 불성실이 아니라 현명한 자기 보호이자 관계 보존의 전략이 된다.

　말하지 않는 용기, 그것은 감정을 지키고 관계의 상처를 더 깊게 만들지 않는 지혜다. 모든 갈등을 끝까지 해소해야 한다는 집착에서 벗어날 때, 우리는 갈등을 더 자유롭게 다루고 삶의 에너지를 중요한 곳에 쓸 수 있다.

끊어내는 용기도 탁월한 전략이다

나는 한때 모든 갈등은 반드시 풀어야 한다고 믿었다. '끝까지 대화해야 관계가 건강해진다'는 생각이 머릿속에 박혀있었던 것이다.

그런데 그런 노력이 집요함이나 불필요한 집착으로 귀결되는 일이 많았다. 『언컨플릭(Unconflict)』이라는 갈등 관리 책을 공동 집필하면서 갈등에 대해 깊게 공부할 수 있었는데, 그 과정 속에 특히 여운이 남았던 부분은 '어떤 갈등은 애써 풀려고 하면 할수록 오히려 관계가 더 망가진다'는 새로운 접근이었다.

토마스–킬만의 갈등 모형(TKI)에서는 '회피'라는 방식이 정식 전략 중 하나로 분류된다. '중요하지 않은 문제라면, 혹은 갈등을 푸는 비용이 감당하기 어렵다면 차라리 피하는 것이 현명하다'는 것이다. 사회심리학자

모튼 도이치(Morton Deutsch)도 모든 갈등을 끝까지 해결하려는 집착이 오히려 관계의 에너지를 소모시키고 적대감을 증폭시킨다고 말한다. 학자들의 연구가 아니더라도, 나는 내 삶에서도 그 사실을 여러 번 체감했다.

회사 생활을 하던 시절, 나는 특정 동료와 늘 사소한 문제로 부딪쳤다. 처음에는 오해를 풀어보려고 끊임없이 대화를 시도했다. 하지만 대화는 갈수록 꼬였고, 나중에는 서로 얼굴을 보는 것조차 피곤해졌다. 결국 나는 결심했다. '더 이상 그 문제를 해결하려 들지 말자.'

그 동료와는 필요한 말만 주고받고, 업무는 공식 절차를 통해 처리했다. 그렇게 거리를 두자 신기하게도 내 마음이 훨씬 가벼워졌다. 감정싸움에 쓰던 에너지를 중요한 업무와 다른 사람들과의 관계에 쓸 수 있었고, 나 스스로도 훨씬 편안해졌다.

이 경험 이후 나는 회피와 단절을 부정적으로만 보지 않게 되었다. 그것은 도망이 아니라 자기 보호였다. 더 중요한 목표를 위해, 더 소중한 관계를 위해 불필요한 갈등을 멀리하는 지혜였다.

풀기 위해서는 '끈기보다 끊기'

회피와 단절을 선택할 시점은 대략 세 가지로 정리할 수 있다.

첫 번째, 사안이 사소할 때

큰 노력이 필요 없거나, 결과적으로 얻을 게 거의 없는 갈등이라면 굳이 매달릴 필요가 없다.

(예: 사소한 말투, 취향 차이, 업무와 직접적 연관이 없는 문제)

두 번째, 좋은 결과를 기대하기 어려울 때

상대가 대화에 전혀 응하지 않거나, 구조적으로 해결이 불가능한 문제라면 더 이상 집착하지 않는 편이 낫다.

(예: 반복되는 성향 차이, 가치관의 극명한 대립)

세 번째, 노력과 투자 대비 이익이 적을 때

감정적 · 시간적 에너지를 계속 쏟아도 오히려 손해가 큰 경우다. 이때는 '나 자신을 지킨다'는 관점에서 거리를 두는 것이 필요하다.

그럼 어떻게 회피와 단절을 실행할 수 있을까?

첫 번째, 거리 두기

불필요한 접촉을 줄이고, 감정적인 대화를 피하며,
공식 절차와 규칙을 통해서만 소통한다.

두 번째, 관계 최소화

개인적 친분을 억지로 유지하지 않고,
꼭 필요한 부분만 유지한다.

세 번째, 단절 선언

관계가 갈등의 반복, 소모적이라고 판단될 때는
예의 있게(쉽지 않겠지만) 자기노출을 해주는 것이 좋다.

네 번째, 자기 전환

그 사람이나 상황에 매달리는 대신, 나의 목표와 가치에
집중한다. 새로운 사람, 새로운 기회를 향해 에너지를 돌린다.

항해 중에 폭풍을 만났다고 해서 반드시 그 한가운데
를 뚫고 나아가야 하는 건 아니다. 때로는 돌아가고, 때
로는 멈추는 선택이 더 안전하게 목적지에 닿게 한다.
갈등에서도 마찬가지다. 피하고 돌아서는 용기가 오히
려 더 나은 결과로 인도한다. 강물이 바위를 만나면 그
냥 돌아서 흐르듯이 갈등에 억지로 부딪치기보다 한발

물러서 돌아가는 것이다. 갈등을 피하는 것은 비겁한 선택이 아니라, 나와 상대 모두를 위한 더 깊은 배려일 수 있다는 사실을 알아야 한다.

Reflective Questions

1. 나는 지금 겪는 갈등을 끝까지 매듭지으려는
   집착으로 오히려 관계를 더 얽히게 하고
   있지는 않은가?

2. 나의 갈등 중 '풀어야 할 매듭'과 '그냥 놓아두어야 할
   매듭'을 어떻게 구분할 수 있을까?

3. 회피와 단절이 단순한 도피가 아니라, 더 건강한
   관계를 위한 '가지치기'가 될 수 있다는 관점을
   내 삶에 어떻게 적용할 수 있을까?

EPILOGUE

네안데르탈인의 유산

몇 해 전, 우연히 고고학 관련 다큐멘터리를 보다가 흥미로운 장면을 접했다.

이라크 북부 '샤니다르 동굴'에서 발견된 네안데르탈인의 유골, 학자들은 그에게 '샤니다르 1'이라는 이름을 붙였다.

그 유골은 조금 특별했다. 왼쪽 눈은 실명, 오른팔은 절단, 다리는 심각한 장애. 지금이라면 병원에서 집중 치료를 받아야 할 사람이, 수만 년 전 각박한 원시 환경에서 살아남았다는 것이다.

'대체 누가, 어떻게 그를 살려낸 걸까?'

사실 답은 하나다. 누군가, 혹은 어떤 공동체가 그를 끝까지 돌봤다는 것. 샤니다르 1 곁에는 그에게 먹을 것을 나눠주고, 몸을 기댈 장소를 내주고, 매일의 고통을 함께 견뎌준 누군가가 있었다.

'인간은 본래 어떤 존재일까?'

누구나 알고 있듯 인간은 혼자 살아가지 못한다. 단순한 생계를 위해서도 우린 조직의 울타리 안에서 공동체를 구성해서 살아야 한다. 하지만 문제는 여기서부터 시작된다. '함께' 살아가면서 갈등이란 것이 필연적으로 생기는 것이다. 더 가까워지려 할수록, 더 많이 기대고 얽히게 될수록 갈등은 더더욱 피할 수 없다.

그래도, 아니 '그래서' 인간관계다

네덜란드의 진화심리학자 프란스 드 발(Frans de Waal)

은 그의 저서『공감의 시대(The Age of Empathy)』에서, 인간을 비롯한 영장류가 본능적으로 돌봄과 협력을 바탕으로 공동체를 형성한다는 점을 강조했다.

그의 관찰 속 침팬지는 배가 고파도 음식을 독차지하지 않고 배고픈 동료에게 기회를 양보하며, 다친 개체 곁에 다가가 위로를 건넸다.

'그렇다면 인간은 어떠해야 할까?'

언어를 발달시키고 기술과 문명을 창조해 온 존재인 만큼, 인간은 생존을 넘어 공동체성을 더 깊이 발휘하고 관계를 지켜내는 데 힘을 기울여야 하지 않을까? 미국의 철학자 마사 누스바움(Martha Nussbaum)이『역량의 창조 – 인간다운 삶이란 무엇인가』에서 말했듯, 인간다움의 핵심은 타인과 관계를 맺고 돌보는 능력에 있다.

결국 우리가 공동체 속에서 겪는 갈등은 피해야 할 장애물이 아니라, 인간이 가진 품위를 실천하고 완성해 가는 데 필요한 과정이다.

나에게 갈등은 여전히 무섭고, 피곤하고, 꺼내기 싫은 단어다. 교육 현장에서 만난 갈등 앞에 서있는 사람들도 나와 같은 이야기를 전해왔다. 빠른 변화, 치열한 경쟁, 세대의 간극, 줄어든 대화와 개인주의로 점철된 요즘 시대의 갈등은 더 자주, 더 날카롭게 찾아온다.

　　그럼에도 불구하고, 우리는 함께 살아야 한다. 갈등은 관계를 끊어내는 벽이 아니라, 우리를 더 깊이 이어주는 다리가 될 수 있다. 이 책을 읽은 여러분과 나, 우리는 모두 그 다리를 건너야 한다.

　　우리를 감싼 '아주 사소한 갈등'의 파편들을 모아 더 건강한 공동체, 더 견고한 인간관계의 다리를 건설해야 한다. 서로의 차이를 피하지 않고 마주하며, 관계를 지켜내려는 노력을 멈추지 않을 때, 우리는 갈등 속에서도 인간다운 품위를 잃지 않고 함께 살아갈 수 있다.

아주 사소한 갈등

초판 1쇄 발행 2025년 11월 20일

지은이 민현기
편집 이다겸
디자인 이상은
마케팅 안용성, 이홍석

펴낸이 하혜승
펴낸곳 ㈜열린길
출판등록 제2020-000047호
주소 서울특별시 성북구 보문로 37길 15, 201호
전화 02-929-5221
팩스 02-3443-5233
이메일 gil-design@hanmail.net

ISBN 979-11-990110-1-4 03190

* Book Insight는 ㈜열린길의 출판 브랜드입니다.

* 책값은 뒤표지에 있습니다.

* 이 도서의 국제표준 도서번호(ISBN)는 국립중앙도서관 서지정보유통지원시스템 홈페이지(http://seoji.go.kr)에서 이용할 수 있습니다.

* 이 책은 저작권법에 따라 보호받는 저작물이므로 무단전재와 무단복제를 금지하며, 이 책 내용의 전부 또는 일부를 이용하려면 반드시 저작권자의 동의를 받아야 합니다.

* 북 인사이트는 교육전문가들의 콘텐츠 개발과 출간을 지원합니다. 좋은 원고가 있으면 언제든 inlab2020@gmail.com으로 보내 주세요.